Der dienstliche Verkehr und die Amtssprache.

Auf der Grundlage der Bekanntmachung der Zivil-Saatsministerien vom 28. April 1901 unter besonderer Berücksichtigung des Dienstes bei den Justizbehörden

Von

Th. von der Pfordten,

K. Landgerichtsrat in München.

3. verbesserte und ergänzte Auflage.

München 1911.
J. Schweitzer Verlag (Arthur Sellier).

Er machte Komplimente mit seiner Mutter Brust, bevor er dran sog.

Shakespeare.

Vorwort zur ersten Auflage.

Jeder Beamte, der sich mit der Ausbildung von Rechtspraktikanten zu befassen hatte, wird schon die Wahrnehmung gemacht haben, daß die Aneignung der erforderlichen Gewandtheit im formellen Dienste, insbesondere der Gewandtheit im schriftlichen Verkehre den Anfängern unverhältnismäßige Schwierigkeiten macht. Durch die einseitige Beschäftigung während der Universitätszeit sind sie in praktischen Dingen unbeholfen geworden und haben es verlernt, ihre Gedanken fließend und frei in natürlicher, gesunder Sprache darzustellen. Der Leiter der Ausbildung trägt daher oft Bedenken, sie zur selbständigen Mitarbeit bei den Amtsgeschäften heranzuziehen. Dieses Büchlein soll nun zunächst als Leitfaden für den Rechtspraktikanten dienen und ihm das Verständnis für die Formen vermitteln, in denen sich heutzutage der schriftliche Amtsverkehr bei den Behörden abspielt.

Es verfolgt aber noch einen weiteren Zweck. Es ist höchste Zeit, daß die Behörden mit den alten schwerfälligen Formen aufräumen, die sie vor dem Inkrafttreten der Bekanntmachung vom 28. April 1901 anwendeten und von deren Gebrauch sie sich leider immer noch nicht entwöhnen können. Es muß sich allmählich die Erkenntnis durchringen, daß das Maß der Arbeitsleistung nicht nach dem Volumen und dem Gewichte des vollgeschriebenen Papiers bemessen werden kann. Und ebenso dringend notwendig ist es, daß die Behörden endlich wieder zu einem natürlichen Sprachgebrauche zurückkehren und das papierene Juristendeutsch ablegen. Darum will diese Schrift die jungen Juristen zur Aufmerksamkeit anspornen und verhüten, daß sie aus Bequemlichkeit und Gleichgültigkeit den herkömmlichen Schlendrian mitmachen. Sie wendet sich aber auch an die älteren Praktiker, die im Drange der Dienstgeschäfte nur allzu leicht die Bedeutung eines sprachlich richtigen und lebendigen Ausdrucks vergessen.

Die Kritik der bureaukratischen Gewohnheiten ist bisweilen etwas scharf und spitzig geworden. Ich hoffe, daß man mich nicht deshalb der Nörgelsucht oder der Spottlust bezichtigen wird. Soll für neue Formen Bahn gebrochen werden, so genügt es nicht, sanft zuzugreifen; das zähe Dornengestrüppe, das den Eingang sperrt, muß mit scharfem Beil beseitigt werden.

Im September 1907.

Der Verfasser.

Vorwort zur zweiten Auflage.

Das Büchlein wurde durch die Aufnahme der Bekanntmachungen über die Entlastung der Richter von Schreibarbeit und über die Abfassung der Urteile erweitert. Ferner wurden die Erläuterungen zu der Bekanntmachung vom 28. April 1901 weiter ausgestaltet und durch Anführung neuer Beispiele ergänzt.

Schon bei der Herstellung der ersten Auflage hat mir Herr Ernst Steck, geprüfter Lehramtskandidat, wertvolle Dienste geleistet. Er hat auch das Manuskript zur zweiten Auflage mit mir durchgesprochen und mir insbesondere sehr schätzbare Ratschläge für die Bearbeitung der Abschnitte erteilt, die von den Unarten der Amtssprache handeln.

Im Juni 1908.

Der Verfasser.

Vorwort zu dritten Auflage.

Zum dritten Male erscheint dieses Büchlein auf dem Plan um im Kampfe gegen steifleinene Pedanterie und umständliche Schwerfälligkeit seine spitzen Pfeile zu versenden. Auf seinen beiden ersten Feldzügen hat es zahlreiche vorsintflutliche Ungeheuer zur Strecke gebracht, aber es ist ihm noch viel zu tun übrig geblieben. Es sind stets neue Rückschläge zu verzeichnen; der Kampf darf deshalb nicht ruhen, oft Gesagtes muß immer und immer wiederholt werden.

Die Anordnung des Stoffes ist im Großen und Ganzen die gleiche geblieben. Der Teil, in dem die Amtssprache behandelt ist, wurde um ein gutes Stück erweitert, wobei sich der Verfasser wieder der wertvollen Unterstützung des Herrn Ernst Steck zu erfreuen hatte. Neu aufgenommen sind die Vorschriften über den Geschäftsverkehr der Justizbehörden mit dem Auslande. Herr Joseph Bleyer, II. Staatsanwalt im Staatsministerium der Justiz, hat ihnen kurze Erläuterungen beigefügt.

Im April 1911.

Der Verfasser.

Inhaltsverzeichnis.

Einleitung.

I. Die Bedeutung einfacher Formen des dienstlichen Verkehrs und einer guten Amtssprache.

Die ungeahnten Wandelungen, die in den letzten Jahrzehnten alle Lebensverhältnisse umgestalteten, haben auch für den Beamtenstand neue und schwere Anforderungen gebracht. Die Zeiten sind endgültig vorüber, in denen der Beamte eine willig anerkannte Herrschaft übte, ein sorgloses, mit Arbeit nicht allzusehr beschwertes und an Würden reiches Dasein führte. Einst mochte es genügen, wenn er eine gründliche Kenntnis des Pandektenrechtes besaß und daneben einiges von den wichtigsten Partikularrechten und den wenig zahlreichen Landesgesetzen wußte; das öffentliche Recht war noch ziemlich unentwickelt und genoß keine besondere Wertschätzung. Der praktischen Tätigkeit der Beamten waren ein für allemal bestimmte Wege gewiesen; sie bewegte sich zumeist in ausgefahrenen Geleisen: es galt, sich mit gewissen Formen und Formeln vertraut zu machen und sie dann am richtigen Platze zu verwerten. Der Umschwung trat in Bayern ein, als nach den Stürmen des Jahres 1848 die Gesetzgebung zum Ausbau des öffentlichen Rechtes schritt. Als sich vollends neben das Landesrecht das Reichsrecht stellte, begannen die Gesetze gleich Pilzen emporzuschießen; immer weitere Gebiete machte der Staat seinen Regeln untertan. Auch die Einführung des BGB. hat den Rechtszustand nicht vereinfacht: unser Zivilrecht, nach wie vor in Reichs- und Landesrecht gespalten, bietet dem Verständnisse mehr Schwierigkeiten als jemals früher. Die Zunahme der Bevölkerung und der wirtschaftliche Aufschwung, insbesondere das rasche Anwachsen der Industrie, haben allen Behörden eine Steigerung der Geschäftslast gebracht, mit der die Vermehrung der Beamtenzahl nicht gleichen Schritt hielt. Der Art nach sind die Geschäfte schwieriger und verwickelter geworden, vor allem in den Großstädten und in den Gegenden, deren Bevölkerung vorwiegend Industrie oder Handel treibt. Auch das Publikum will jetzt anders behandelt werden, wie früher: es wünscht rasche Erledigung der Geschäfte und liebevolles Eingehen auf seine Anliegen. Der allmächtige Landrichter, dem das demütige Bäuerlein zitternd nahte, ist ausgestorben. Den Beamten schützt und hebt nicht mehr wie früher die bloße Ehrfurcht vor dem Amte; er muß sich durch seine Leistungen und durch sein persönliches Auftreten erst Geltung verschaffen.

Gedrängt durch die Gewalt der Zeitverhältnisse haben auch die leitenden Stellen das Maß ihrer Ansprüche hinaufgesetzt. Sie verlangen vom Beamten nicht nur eine gründliche Durchbildung in allen Zweigen des Faches, sondern auch Verständnis für soziale Fragen, für Kunst und Technik, für Psychologie und Naturwissenschaften. Der Beamte soll in allen Sätteln reiten können und auch mit Ungewohntem sich rasch vertraut machen. Die stille juristische Gelehrtenarbeit wird nicht mehr so hoch gewertet wie früher; weltmännische Gewandtheit und praktischer Blick werden weit höher geschätzt.

Es ist selbstverständlich, daß der Juristenstand den neuen Anforderungen nur dann völlig genügen kann, wenn er sich des pedantischen Formelkrams entledigt, mit dem die alte Zeit zu arbeiten pflegte. Umständlichkeit und Schwerfälligkeit passen nicht mehr in die Verhältnisse der Gegenwart: sie fordert auch einen neuen Amtsstil und neue Formen für die schriftlichen Geschäfte des Beamten. Die nun einmal unvermeidliche Schreibarbeit muß soweit beschränkt werden, als es möglich ist. Der Beamte darf nicht mehr kostbare Stunden mit einer Tätigkeit verbrauchen, die auch untergeordnete Organe leisten könnten; seine Kraft muß für höhere Aufgaben frei werden. Aber es erben sich nicht nur Gesetz und Rechte wie eine ewige Krankheit fort: auch einmal eingebürgerte Formen lassen sich nicht von heute auf morgen beseitigen, ja sie überleben sogar den Rechtszustand, unter dessen Herrschaft sie entstanden sind. So hat uns denn das bureaukratische Zeitalter, das Zeitalter der Papier- und Tintenmenschen, eine Erbschaft hinterlassen, die unsern Beamtenstand nicht bereichert hat, deren Last ihm vielmehr wie ein Bleigewicht aufliegt. Die Erkenntnis freilich, daß diese Erbschaft wertlos, ja schädlich ist, ist bisher nur in wenigen Köpfen aufgedämmert, die Mehrzahl scheut sich noch immer, das schwere Bündel altväterischer Gewohnheiten abzuwerfen; sie trägt es willig weiter.

Wir wollen es ihr nicht verargen. Der Anfänger, der mit theoretischem Wissen angefüllt von der Universität zur Praxis übertritt, der junge Beamte, der seine erste Anstellung erlangt, der ältere, der in einen neuen, größeren Wirkungskreis vorrückt, sie haben alle mit Schwierigkeiten zu kämpfen, bis sie sich mit der Technik des Dienstes vertraut gemacht haben. Sie sehen sich nach Hilfsmitteln, nach Mustern um; sie suchen und finden solche in den Akten, oder sie halten sich an das Beispiel, das ihnen der Vorgesetzte oder der ältere, im formellen Geschäftsgange schon besser bewanderte Kollege gibt. Finden sie gar ein zweckmäßiges Formular, so fühlen sie sich von aller Not befreit und wenden es unbesehen an. So lernt eine Generation von der anderen unbekümmert darum, ob das Überlieferte noch tauglich und brauchbar ist. Gegen die Folgen dieser Gewohnheit anzukämpfen ist ein schweres Stück Arbeit; selbst die wohlmeinenden Versuche der Aufsichtsstellen eine Besserung herbeizuführen, stoßen auf hartnäckigen Widerstand. So wurde auch unserer Bekanntmachung vom 28. April 1901 nicht immer die gebührende Beachtung zuteil. Zwar wird immer wieder der Wunsch nach einer Verminderung des Schreibwerks, nach einer ausgiebigeren Unterstützung der höheren Beamten durch Hilfskräfte laut, aber dennoch wird mit der alten behaglichen Breite und Weitschweifigkeit weitergearbeitet. Es ist an der Zeit, daß die Beteiligten einmal selbst die Zweckmäßigkeit der Formen nachprüfen, an die sie sich bisher gehalten haben, und durch die Gewöhnung an eine einfachere, kürzere und knappere Schreibweise sich Erleichterung schaffen.

Übrigens sollte nicht allein die Rücksicht auf die Notwendigkeit einer solchen Entlastung zur Selbsthilfe anspornen, sondern auch die Erwägung, daß das zähe Festhalten veralteter Formeln dem Ansehen des Beamtenstandes nicht zum Besten dient. Alle Kreise des Volkes sind heutzutage aufgeweckter als früher und nehmen regeren Anteil am öffentlichen Leben; die Neigung zu ungezügelter Kritik greift immer weiter um sich. Mehr denn je ist für den Beamten Vorsicht geboten, wenn er mit der Öffentlichkeit in Berührung tritt und die Ergebnisse seiner Tätigkeit der Beurteilung durch berufene

Meister und durch unberufene, spottlustige Schwätzer aussetzen muß. Man beachte nur, mit welcher Genugtuung die Tagespresse alle Sprachsünden der Juristen festnagelt, obwohl doch ihre Vertreter selbst ihr gutes Teil zur Verschlechterung des Stiles beitragen. Über die Äußerungen solcher Stimmen könnte man sich allenfalls noch hinwegsetzen; man könnte sich mit dem Gedanken trösten, daß recht viele Übertreibungen mitunterlaufen und daß der Beamte nicht nach jedermanns Beifall streben soll. Bedenklicher aber ist der Umstand, daß durch Ungeschicklichkeiten in der Form nicht selten das Mißtrauen gegen die Behörden gefördert wird, das nun einmal im Geiste der Zeit liegt. Der Rechtsunkundige, der sich mit geschraubten und sprachwidrigen Redewendungen in amtlichen Schriftstücken abquälen muß, der vielleicht den Sinn trotz aller Bemühungen nicht zu enträtseln vermag, ist allzusehr geneigt, von der Form auf den Inhalt zu schließen: er fühlt den bureaukratischen Zug der Schreibweise und unwillkürlich kommt ihm der Gedanke, die Pedanterie, der Formalismus und die Scheu vor dem Einfachen und Naheliegenden herrschten auch bei der sachlichen Erledigung der Geschäfte. Der Grund dafür, daß unseren Beamten so oft das Verständnis für die Empfindungen und Anschauungen des Volkes abgesprochen wird, ist nicht zuletzt darin zu suchen, daß sie sich nicht einer dem Volke faßlichen Sprache bedienen.

Man darf nicht vergessen, daß unsere meisten Gesetze sehr verwickelt und dem Laien kaum verständlich sind. Es ist bezeichnend, daß selbst angesehene Juristen heutzutage den Gedanken laut werden lassen, das so mühsam erarbeitete Bürgerliche Gesetzbuch sei ein verfehltes Machwerk, ein Erzeugnis blutleerer Abstraktion. Es ist hier nicht zu untersuchen, ob sie Recht haben. Die Gesetze sind nun einmal da, wir müssen uns mit ihnen abfinden. Und der Beamte muß sich nicht nur bemühen, das Gesetz selbst zu verstehen, er soll auch dem Volke die Erkenntnis des schwierigen Rechtszustandes erleichtern; er darf sie nicht dadurch erschweren, daß er in einer Geheimsprache schreibt. Wird das Interesse des Volkes an der Gesetzeskunde befördert und sein Wissen gesteigert, so wird es die juristische Tätigkeit gerechter würdigen und den Beamtenstand höher schätzen lernen.

Durch die Gewöhnung an sorgsameren Gebrauch der Sprache wird der Beamte — vor allem der Anfänger — auch seine Leistungsfähigkeit fördern. Sie wird ihn zur Genauigkeit im Kleinen und zur Aufmerksamkeit erziehen, sie wird die Klarheit des Denkens und die Schärfe der Überlegung steigern. Sie wird auch die Freude am Beruf erhöhen: selbst die kleinste formale Arbeit gewinnt Interesse, wenn man sich bemüht, sie schön, sauber und in der einfachsten Weise zu erledigen. Selbst ein gewisser Einfluß auf die Sittlichkeit muß der Sorgfalt beim Gebrauch der Sprache zugestanden werden. Wer einmal gelernt hat immer verständlich und schlicht zu schreiben, wird es nicht mehr über das Herz bringen, schiefe und falsche Gedanken mit gleißendem Wortschwall zu umgeben und den Mangel richtigen Urteils und ausreichender Erkenntnis durch gezwungene Redensarten zu verhüllen. Er wird ehrlich vor sich selbst sein und nichts niederschreiben, was er nicht mit vollem Bewußtsein verantworten kann.

Man wird entgegenhalten, „das Ausfeilen" fordere Zeit, viel Zeit, und gerade daran fehle es dem Beamten in unserem gehetzten Jahrhundert. Dieser Einwand hat einige Berechtigung. Wer alle ihm zuströmenden Gedanken ungesichtet auf das Papier wirft, wie sie gerade kommen, wird schneller fertig als der peinlich wägende Denker, der die Spreu vom Weizen sondert, kein Wort zuviel und jedes Wort am rechten Platze setzt. Darf aber der Beamte darüber klagen, daß man ihm Schreiberdienste zumute, wenn er sich solcher Mühe nicht unterziehen will, wenn er lieber vier Seiten mit flüchtig zusammengestreuten Sätzen beschreibt, als daß er zwei Seiten liefert, denen man die Tätigkeit des Geistes anmerkt?

Unser Beamtenstand strebt jetzt mit Recht nach einer freieren Gestaltung seiner Verhältnisse und nach einer Steigerung seines Ansehens. Die Hebung des gesamten Standes wird nur gelingen, wenn auch der einzelne an seiner eigenen Vervollkommnung arbeitet. Er darf sich die Mühe nicht verdrießen lassen, ohne die das Losringen von den Schreibergewohnheiten nun einmal nicht möglich ist. Es muß der Wahn verschwinden, als komme mit dem Eintritt in eine bestimmte Rang- und Gehaltsklasse die Kunst der Sachbehandlung und Darstellung wie durch Eingebung von selbst und als wachse sie mit jedem Vorrücken. Daß umfassende Kenntnisse und reifes Urteil die Frucht stetiger Arbeit sind, ist jedermann klar. Aber auch die Gewandtheit im Gebrauche der Form wird so billig nicht erworden. Die Bedingung jedes Fortschritts ist die Unzufriedenheit mit der eigenen Leistung.

Der Fleiß allein tuts freilich auch nicht; ein wenig Mut muß dazu kommen. Es sind hier und dort Widerstände zu überwinden, es gibt Kampf mit der Engherzigkeit, der Gleichgültigkeit und dem ängstlichen Mißtrauen, das alles Neue für gefährlich hält. Da gilt es denn sich für die rechte Sache tapfer einzusetzen und das als gut Erkannte furchtlos zu vertreten. Der hohle Streber, der immer nach oben und nach der Seite schielt, der nur die Person nicht die Sache im Auge hat, ist verächtlich. Und am Ende strauchelt er doch: dem Geiste der Lüge dient er nicht ungestraft.

II. Die Aktenführung. Die Begründung von Entscheidungen.

Das berechtigte Streben nach Einfachheit darf nicht zur Nachlässigkeit führen. Geordnete sorgfältige Aktenführung ist die Grundbedingung jeder geregelten Tätigkeit. Wo sie fehlt, tritt bald Verwirrung und Ratlosigkeit ein. Der Spott über die „Aktenschwänze" ist oft genug unberechtigt. Niemand würde schwerer zu leiden haben, als das Publikum selbst, wenn die Behörden die Vorgänge, die sich bei ihnen abspielen, nicht mehr aufzeichnen würden; würden alle amtlichen Mitteilungen nur noch mündlich, telegraphisch, telephonisch und allenfalls mit Postkarte erledigt, wie es hitzköpfige Neuerer wünschen, so würde nur ein heilloses Durcheinander entstehen und jede Rechtssicherheit würde aufhören. Niemand wüßte heute, was gestern geschehen ist. Die vielgeschmähten Akten verhindern, daß Ereignisse der Vergessenheit anheimfallen, die später Bedeutung gewinnen können, und gewährleisten den ungestörten Lauf der Verwaltungs-Maschine: sie müßte bei dem fortgesetzten Wechsel der Personen, die sie bedienen, immer wieder ins Stocken geraten, wenn der Neuling sich nicht über die Tätigkeit seiner Vorgänger unterrichten könnte. Die Notwendigkeit, schriftlich Rechenschaft von der Amtsführung zu geben, erzieht zudem den Beamten zu unausgesetzter Selbstüberwachung; sie zwingt ihn zu genauer Überlegung und läßt keine übereilte, ungenügend durchdachte Entscheidung zu.

Vielleicht tritt die Notwendigkeit peinlicher Sorgfalt nirgends deutlicher hervor als im Vormundschafts- und Nachlaßweisen. Ein unbedeutendes Versehen, eine kleine Lücke in den Akten können hier den ganzen Geschäftsgang hemmen, unter Umständen sogar den Verlust von Vermögenswerten herbeiführen. Eher könnte man daran denken das Schreibwerk im Prozeß einzuschränken. Aber auch dabei ist einige Vorsicht geboten. Es ist eine wunderliche Erscheinung, daß jetzt auch verständige Schriftsteller glauben eine „Justizreform“ mit der Abschaffung der Urteilsgründe einleiten zu können. Man hat es oft genug als einen Mangel unseres schwurgerichtlichen Verfahrens bezeichnet, daß die Geschworenen über Freiheit und Leben des Angeklagten mit einem einfachen „Ja“ oder „Nein“ entscheiden dürfen. Jetzt will man diesen Fehler in alle Arten des Strafverfahrens, ja sogar in den Zivilprozeß herüber nehmen. Man bedenkt nicht, wie sehr man dadurch die Rechtsprechung verschlechtern und die Zahl der Fehlsprüche steigern würde. Kritiklose Anbetung ausländischer Vorbilder hat hier, wie schon so oft, dazu geführt, daß man die Nachteile unserer Einrichtungen überschätzt und ihre großen Vorteile nicht mehr erkennt.[1])

Sehr häufig stellt sich die volle Klarheit erst beim Niederschreiben der Entscheidung ein. Man war überzeugt das Richtige getroffen zu haben, solange das Gedankenbild in verschwommenen Zügen nur vor dem geistigen Auge stand, wenn es aber dann in sichtbarer Gestalt in die Erscheinung tritt, zeigen sich Mängel und Fehler, was einfach und selbstverständlich schien, wird plötzlich schwierig, neue Bedenken treten auf. Diese Erfahrung hat schon jeder Beamte an sich selbst gemacht und deshalb geht er mit doppelter Vorsicht zu Werke, wenn er weiß, daß er seinen Gedankengang anderen Personen in überzeugender Form darlegen soll. Die Neigung die Schwierigkeiten zu umgehen und die leidige Gewohnheit des „Durchhauens“ werden so allmählich überwunden. Man muß wider-

---

[1]) Mit diesen Ausführungen soll natürlich nichts gegen die sehr dankenswerte Neuerung des abgekürzten Versäumnis- und Anerkenntnisurteils gesagt sein (§ 313 Abs. 3 ZPO.). Und es wäre freilich zu wünschen, daß solche abgekürzte Formen auch im Strafprozeß Eingang fänden. So könnte z. B. die schriftliche Fassung der Urteilsgründe unterbleiben, wenn Anklage und Urteil sich decken, der Angeklagte gesteht und alle Prozeßbeteiligten auf die Rechtsmittel verzichtet haben.

wärtige und erniedrigende Empfindungen durchkosten, wenn man einen Spruch begründen soll, an dessen Richtigkeit man selbst nicht mehr glaubt; man wird lieber länger erwägen und länger beraten, als daß man sich um einer kleinen Zeitersparnis willen solche Pein auferlegt.

Keine gesunde Entwicklung vollzieht sich sprungweise. Immer muß an das Gegebene angeknüpft werden. Wir werden also gut tun, bis auf weiteres die alte Sorgfalt und Genauigkeit beizubehalten. Dagegen sollen wir das Räderwerk der Maschine von dem Staube reinigen, der sich im Laufe der Jahre angesammelt hat, und die technischen Verbesserungen anbringen, die eine fortgeschrittene Zeit gefunden hat.

Bekanntmachung,
die Vereinfachung des dienstlichen Verkehrs betreffend.

K. Staatsministerien des Königlichen Hauses und des Äußern, der Justiz, des Innern beider Abteilungen, dann der Finanzen.

Vom 28. April 1901. (GVBl. 1901 S. 379).

Vorbemerkungen.

Die wichtigsten Formen des schriftlichen Verkehrs und der Aktenführung.[1])

1. Will eine Behörde mit einer anderen Behörde oder mit einer Privatperson in schriftlichen Verkehr treten, will sie einen Bericht erstatten, ein Ersuchen stellen, Aufschlüsse erholen oder eine Entscheidung kundmachen, so hat sie eine doppelte Aufgabe: sie hat das Schriftstück herzustellen, das abgehen soll, und sie hat zugleich dafür zu sorgen, daß der Inhalt in ihren eigenen Akten vermerkt wird. Das kann in zweifacher Weise geschehen und deshalb haben sich zwei Hauptformen des Dienstverkehrs allgemein eingebürgert. Im Laufe der Zeit hat sich noch eine dritte Form herausgebildet, die in der Mitte zwischen den beiden älteren steht und die Vorzüge beider zu vereinigen sucht.

---

[1]) Eine nähere Schilderung der Formen, in denen die Vorgänge des Strafprozesses und des Zivilprozesses dargestellt werden, müssen wir uns versagen. Jedoch gab der § 9 der Bekanntmachung vom 28. April 1901 Gelegenheit Bemerkungen über die Begründung von Urteilen und Beschlüssen einzuflechten. Mit dem nämlichen Gegenstande befaßt sich auch die Bekanntmachung des Staatsministeriums der Justiz Nr. 36104 vom 9. September 1907, die im Anhang unter Nr. IV abgedruckt ist. Im übrigen beschränken wir uns hier auf die Besprechung der Formen, die in der Verwaltungstätigkeit besonders häufig hervortreten. Die Hauptformen kommen jedoch bei den Justizbehörden ebenso oft vor, wie bei den Verwaltungsstellen; sie sind nicht nur von den Gerichtsvorständen und den Staatsanwälten anzuwenden, sondern auch von den Gerichten selbst, soweit diesen eine verwaltende Tätigkeit zugewiesen ist (wie z. B. in der freiwilligen Gerichtsbarkeit).

a) Der Verkehr mit Reinschriften. Sein größter Vorzug besteht darin, daß der Inhalt der versendeten Schriftstücke wörtlich genau aus den Akten ersehen werden kann; verlorene Dienstschreiben lassen sich wiederherstellen, der richtige Fortgang aller dienstlichen Angelegenheiten wird leichter überwacht. Dagegen haftet ihm eine gewisse Schwerfälligkeit an und er bringt manchen Zeitverlust für die höheren Beamten und für das Schreiberpersonal mit sich. Er spielt sich in folgender Weise ab: das Schreiben wird von dem Beamten, der für die sachliche Erledigung der Geschäfte verantwortlich ist, oder vom Referenten zu den Akten entworfen. (Urschrift). Die Schreibkräfte (Kanzleibediensteten) stellen eine Abschrift her, die dem verantwortlichen höheren Beamten zur Unterzeichnung vorgelegt und dann versendet wird. Der Beamte, der den Kanzlei- und Expeditionsdienst leitet, vermerkt am Rande der Urschrift den Abgangstag des Schriftstücks.[1])

b) Der urschriftliche Verkehr.[2]) Er zeichnet sich durch Bequemlichkeit und Einfachheit aus. Die zeitraubende Herstellung der Reinschriften wird vermieden. Die Akten oder ein Teil der Akten werden der Behörde oder der Person überübersendet, mit der in Verkehr getreten werden soll. Ein gesondertes Begleitschreiben wird nicht beigegeben; die Verfügung, durch welche die Versendung angeordnet und der Empfänger (Adressat) bezeichnet wird, wird mit den Ausführungen zur Sache selbst verbunden (vgl. die Muster der Anlage VII zur Bek. vom 28. April 1910).

c) Will man eine Reinschrift nicht anfertigen lassen, aber doch die Akten in der Hand behalten oder sie anderweitig versenden, so verbindet man die unter a und b geschilderten Formen. Man vermerkt zu den Akten nur den wesentlichen Inhalt der zu versendenden Schreiben ohne einen förmlichen Entwurf herzustellen; die Schreiben stellt der Referent entweder eigenhändig her, oder sie werden nach seiner Anordnung von einem Gehilfen oder von der Kanzlei so ausgefertigt, daß sie sofort versendet werden können.[3])

---

[1]) Die Vorschriften über die Form der Schreiben enthält die Bek. vom 28. April 1901 in den §§ 5 bis 7.

[2]) S. § 10 Abs. 2 der Bek. vom 28. April 1901 und die Bemerkungen zu § 10.

[3]) Vgl. Bem. 4 zu § 10.

d) Für die Fälle, in denen Akten oder einzelne Schriftstücke versendet werden sollen, ohne daß eine Mitteilung oder ein Bericht oder ein Ersuchen beigegeben wird, hat die Bek. vom 28. April 1901 eine besondere Verkehrsform eingeführt: die Begleitbogen mit Siegelaufdruck (§ 10 Abs. 4 der Bek.).

Die Anordnungen, die zum Zwecke der Einleitung schriftlichen Verkehrs getroffen werden, nennt man in der Regel „Verfügungen".

2. Um den Akteninhalt zu vervollständigen und die Übersicht zu erleichtern, macht man „Vormerkungen". Laufen z. B. Akten anderer Behörden ein, die für die Geschäftsführung von Bedeutung sind, erhält etwa der Vormundschaftsrichter die Akten über eine Nachlaßsache, wo der Mündel beteiligt ist, so wird ihr wesentlicher Inhalt mit kurzen Worten vorgemerkt. Dann erst werden sie zurückgesendet. Man kann aber auch „Vormerkungen" über die Verhandlungen mit den Beteiligten aufnehmen und dadurch die Feststellung zu Protokoll entbehrlich machen,[1]) oder Rechtsausführungen, Notizen aus der Literatur und Rechtsprechung, Ergebnisse mündlicher Besprechungen mit anderen Referenten, den Inhalt telephonischer Gespräche u. dergl. in „Vormerkungen" zusammenfassen. Sehr zweckmäßig kann es auch sein, an den Anfang umfangreicher Akten Vormerkungen zu setzen, die den wesentlichen Inhalt oder einen Teil im Auszug wiedergeben; das fortgesetzte Nachschlagen kann damit vermieden werden. Wer z. B. eine sehr verwickelte Nachlaßsache zu behandeln hat, wird sich seine Aufgabe erleichtern, wenn er ein Übersichtsblatt anlegt, in dem etwa die Verwandtschafts-Verhältnisse des Erblassers, die Erklärungen der Erben, der Stand der Nachlaßmasse usw. verzeichnet werden.[2]). Für die Vormundschaftsakten ist die Führung sog. „Vormerkungsbogen" ausdrücklich vorgeschrieben.

3. Die einzelnen Aktenstücke werden in der Regel nach der Zeitfolge geordnet und mit fortlaufenden Ziffern versehen. Sie sollen eine zusammenhängende Reihe bilden; der Leser soll Blatt für Blatt in einem Zuge durchsehen können und nicht genötigt sein, zurückzublättern. Man schreibt deshalb alle Verfügungen und

[1]) Vgl. Bem. 1 und 2 zu § 8.

[2]) Nicht zu verwechseln mit solchen Vormerkungen sind die Aktenrenner (chronologische oder systematische Verzeichnisse aller einzelnen Aktenstücke).

Vormerkungen auf das letzte Aktenstück, oder, wenn dessen Rückseite schon beschrieben ist, auf ein neu eingelegtes leeres Blatt. Nur dann, wenn Reinschriften einlaufen, kann man auch auf den freigelassenen Teil der linken Seite[1]) die durch den Einlauf veranlaßte Verfügung setzen.[2]) Eine Unsitte ist es dagegen aus Gründen der Sparsamkeit in alle möglichen Winkel und Ecken wichtige Verfügungen zu zwängen oder Aktenstücke, die schon ganz vollgeschrieben sind, wieder vorne an den Rändern zu beschmieren.

4. Es empfiehlt sich stets möglichst viele Anordnungen zugleich zu treffen[3]) und die Verfügungen sachlichen Inhalts mit denen zu verbinden, die den inneren Geschäftsgang regeln sollen. Es ist üblich, mehrere Verfügungen unmittelbar untereinander zu schreiben und mit römischen Ziffern zu kennzeichnen. Wird z. B. ein Beschluß gefaßt oder ein Bescheid erlassen, so bezeichnet man ihn mit I und ordnet unter II und III die Zustellungen und Mitteilungen an. Oder es ist eine Vormerkung aus anderen Akten aufgenommen worden; sie erhält die Ziffer I, unter II, III usw. werden die erforderlichen Verfügungen angeschlossen. Es ist zweckmäßig hinter jeder Ziffer ein wenig einzurücken, so daß sich die einzelnen Abschnitte deutlich voneinander abheben, und die am Anfange stehenden Worte (z. B. die Adressen) zu unterstreichen.

Es konnten hier nur die Einzelheiten besprochen werden, die am häufigsten vorkommen. Sie verursachen dem Anfänger das meiste Kopfzerbrechen, so einfach sie an und für sich sind. Weitere Angaben finden sich in den Erläuterungen zu der Bekanntmachung; die beigegebenen Muster machen die verschiedenen Formen anschaulich. Bestimmte Regeln für alle Fälle kann man nicht geben und es lassen sich nicht alle die Kunstgriffe erschöpfend darstellen, mit denen ein erfahrener Praktiker seine Schreibarbeit zu vereinfachen weiß. Zwei allgemeine Leitsätze aber wird man ohne Bedenken aufstellen können: Ziehe stets den gesunden Menschenverstand zu Rate und schreibe immer so, daß dich jedermann versteht. Verständlichkeit erreicht man am sichersten dadurch, daß man jedes Schriftstück laut vorliest, bevor man es aus der Hand gibt, und

[1]) Vgl. § 4 der Bek. und die Muster der Anlagen I und III.
[2]) Vgl. die der Bek. vom 28. April 1901 beigegebenen Muster.
[3]) Vgl. Bem. 3 zu § 8.

sich dabei in die Rolle eines unbefangenen Zuhörers versetzt. Man wird dann über manche Wendung stutzig werden, die man ohne Bedenken niedergeschrieben hat.

Mit Allerhöchster Genehmigung Seiner Königlichen Hoheit des Prinz-Regenten wird unter Aufhebung der Bekanntmachung vom 6. April 1874 (GVBl. S. 123) folgendes bestimmt.

§ 1.

Die bestehenden Vorschriften, welche die Form der an Seine Majestät den König und an Seine Königliche Hoheit den Prinz-Regenten zu richtenden Vorstellungen betreffen, bleiben in Kraft.

1. Die genauere Darstellung der durch § 1 aufrecht erhaltenen Vorschriften sowie der Bestimmungen für den dienstlichen Verkehr der Staatsministerien mit der allerhöchsten Stelle würde über den Zweck dieser Erläuterungen hinausgehen, die vorwiegend den Geschäftsverkehr der Justizbehörden unter sich und mit anderen Behörden behandeln sollen. (Vgl. übrigens wegen der Form der an die Krone zu richtenden Vorstellungen Schweitzers Terminkalender für die bayerischen Juristen, II. Teil, Abschn. III).

2. Im § 4 Abs. 6 der Bekanntmachung ist vorgeschrieben, daß Eingaben von Privatpersonen nicht deshalb abgelehnt oder zurückgegeben werden dürfen, weil sie der Form nicht entsprechen, die für Eingaben an öffentliche Stellen und Behörden empfohlen ist. Diese Vorschrift wird auch dann entsprechend anzuwenden sein, wenn bei einer Behörde Gesuche von Privatpersonen eingereicht werden, über die nach Gesetz oder Verordnung die allerhöchste Stelle zu entscheiden hat, die jedoch von der Behörde zu instruieren und sodann mit Bericht und Gutachten im Dienstwege vorzulegen sind (Begnadigungsgesuche, Gesuche um Befreiung von Ehehindernissen u. dgl.). Es ist überflüssig solche Gesuche zur Umänderung oder Ergänzung zurückzugeben, wenn das vorgeschriebene Format nicht eingehalten ist oder die üblichen Unterwürfigkeitsformeln

fehlen.[1]) Sie sind ferner auch dann ohne weiteres zu behandeln, wenn sich die Bitte ihrem Wortlaute nach überhaupt nicht an die allerhöchste Stelle sondern an die mit der Vorbereitung betraute Behörde richtet. Werden die Gesuche zu Protokoll des Gerichtsschreibers aufgenommen, so ist die Einhaltung der für die Gesuche an die Krone vorgeschriebenen Form nicht notwendig.

3. Sehr häufig werden Gesuche und Beschwerden bei der allerhöchsten Stelle unmittelbar eingereicht. Sie gelangen von ihr aus an das zuständige Ministerium und dieses übersendet sie der Behörde, die die „Instruktion" zu besorgen hat. Solche Schriftstücke dürfen den Beteiligten auch dann nicht zurückgegeben werden, wenn sich die Angelegenheit ohne eine Entscheidung über die Bitte oder Beschwerde erledigt (etwa durch die Zurücknahme des Gesuches). Denn sie müssen dem Ministerium wieder vorgelegt werden und werden den dort geführten Akten einverleibt. Aus diesem Grunde ist es auch nicht zulässig, Verfügungen oder Vormerkungen darauf zu schreiben oder sie mit anderen Aktenstücken zusammenzuheften.

§ 2.

Für den dienstlichen Verkehr der öffentlichen Stellen und Behörden gelten, soweit nicht für einzelne Geschäftszweige in Gesetzen oder in Verordnungen oder in den Entschließungen der zuständigen Staatsministerien Besonderes bestimmt ist, die nachfolgenden Vorschriften.

1. Die Bekanntmachung regelt an und für sich nur den Geschäftsverkehr der den Zivilstaatsministerien unterstellten Behörden unter sich und mit Privatpersonen; in der im Anhang unter I abgedruckten weiteren Bekanntmachung vom 28. April 1901, den dienstlichen Verkehr betreffend, ist jedoch angeordnet, daß ihre Vorschriften auch für den Verkehr zwischen Zivil- und Militärbehörden, zwischen Zivilbehörden und Militärpersonen und zwischen Militärbehörden und Privatpersonen entsprechend anzuwenden sind. Es sind daher insbesondere bei Schreiben der Zivilbehörden an Militärpersonen die im § 5 der Bekanntmachung vorgeschriebenen Formen einzuhalten. Offiziere haben keinen Anspruch darauf, daß die

[1]) Es herrscht vielfach die Meinung, solche Gesuche würden der allerhöchsten Stelle in der Urschrift unterbreitet. Das geschieht natürlich wegen der ungeheueren Menge solcher Gesuche nicht.

Zivilbehörden bei Schreiben in Privatangelegenheiten andere als die im § 7 Abs. 1 vorgeschriebenen Höflichkeitsformeln ihnen gegenüber gebrauchen, sie können z. B. nicht verlangen, daß sie mit „Euer Hochwohlgeboren" angeredet werden. Privatpersonen können sich bei Eingaben an Militärbehörden der im § 4 empfohlenen Form bedienen. Für den Verkehr zwischen Zivil- und Militärbehörden gelten auch die Bestimmungen des § 14 der Bekanntmachung über den unmittelbaren Geschäftsverkehr zwischen den Behörden verschiedener Ressorts, insbesondere die Vorschrift des Abs. 2, wonach alle Stellen den Ersuchen nicht übergeordneter Behörden Folge leisten müssen. (Vgl. Bem. 2 und 3 zu §§ 13, 14). Der schriftliche Verkehr im Heere, also der Verkehr der Militärbehörden unter sich und der Militärpersonen mit den Militärbehörden, wurde neu geregelt durch eine Bekanntmachung des Kriegsministeriums vom 6. Juni 1907 (Verordnungsblatt des Kriegsministeriums Nr. 15 vom 6. Juni 1907 S. 149). Die Vorschriften dieser Bekanntmachung stimmen im wesentlichen mit denen der Bekanntmachung vom 28. April 1901 überein.

2. Eine Erläuterung oder auch nur eine Aufzählung der Vorschriften, die neben denen der Bekanntmachung vom 28. April 1901 noch gelten, vor allem der Vorschriften über den Verkehr mit ausländischen Behörden und den diplomatischen Verkehr, ist nicht beabsichtigt.[1][2][3]

§ 3.

Im gesamten schriftlichen Verkehre der öffentlichen Stellen und Behörden kommen bei der Unterfertigung die bis-

[1] Die Bek. vom 8. April 1911, betr. den Geschäftsverkehr der Justizbehörden mit dem Auslande, ist im Anhang unter Nr. V abgedruckt und erläutert.

[2] Vorschriften über den Verkehr der Justizbehörden mit den Gemeindebehörden enthält die Bek. vom 16. Juli 1909 (JMBl. S. 326). Sie bestimmt, daß — von einigen Ausnahmefällen abgesehen — die Justizbehörden sich der Form des „Ersuchens" auch dann zu bedienen haben, wenn sie die Gemeindebehörden als Hilfsorgane der Rechtspflege angehen (vgl. § 14 Abs. 2 der Bek. vom 28. April 1901). Die entgegenstehenden Vorschriften der Bek. vom 4. März 1885 (JMBl. S. 75, 76) sind damit aufgehoben.

[3] In einer autographierten Entschließung vom 19. Juli 1905 Nr. 27626 hat das Staatsministerium der Justiz einzelne Vorschriften der Bekanntmachung in Erinnerung gebracht und näher erläutert. Die Entschließung ist im Anhang abgedruckt.

her vorgeschriebenen Unterwürfigkeitsformeln („ehrerbietigst-gehorsamst“, „gehorsamst“, „gehorsam“) künftig in Wegfall[1]) und sind Höflichkeitsausdrücke, wenn sie mit Rücksicht auf die Verkehrssitte nicht ganz entbehrt werden können, doch auf möglichst knappes Maß zu beschränken, jedenfalls sind Häufungen und Steigerungen (wie z. B. „ganz ergebenst“, „sehr geneigtest“) zu vermeiden.

1. Die Unterwürfigkeitsformeln, die früher der Unterschrift beigefügt wurden, sind jetzt weggefallen. Es entspricht den Absichten der Bekanntmachung nicht sie wieder hereinzubringen, indem man sie in den Text von Schreiben oder Berichten aufnimmt und z. B. anfängt: „Ich berichte ehrerbietigst-gehorsamst, daß der Gefangene X. gestern nachmittags einen Ausbruchsversuch gemacht hat“ oder „Ich erlaube mir, untertänigst die gnädige Gewährung eines außerordentlichen Urlaubs zu erbitten“ oder „Hoher (Höchster) Stelle gestatte ich mir die untertänigste Mitteilung zu machen“ usw. Solche Schwülstigkeiten sind auch bei Berichten und Gesuchen an ein Staatsministerium zu unterlassen. Wird in einem Berichte auf den Auftrag einer vorgesetzten Stelle Bezug genommen, so soll nicht von einem „hohen“ oder „höchsten“ Auftrag gesprochen werden; es genügt z. B. zu sagen: „Zur Entschließung vom 5. ds. Mts.“ (vgl. § 5 Abs. 2 Nr. 5) oder „Der Auftrag vom 7. vor. Mts. wurde vollzogen.“

2. Die im Verkehre mit gleichgestellten Behörden vielfach noch üblichen Höflichkeitsformeln, vor allem das so überaus häufige „ergebenst“ und das auch sprachlich nicht einwandfreie „gefällig“ können ohne Bedenken weggelassen werden. Statt „Ich ersuche ergebenst um gefällige Einvernahme[2]) des X. darüber, ob . . .“ hat es zu heißen: „Ich ersuche den X. darüber zu vernehmen, ob.“ Wird diese Regel beobachtet, so wird man sich auch die Bildung so einfältiger Zusammensetzungen abgewöhnen wie „baldgefällig“ („Ich ersuche um baldgefällige Übersendung der Akten“) oder das

[1]) Leider hat sich die Bekanntmachung hier selbst eines Verstoßes gegen den natürlichen Sprachgebrauch schuldig gemacht. Statt „kommen in Wegfall“ müßte es heißen „fallen weg“ (s. Bem. 1e Abs. 3 zu § 11).

[2]) „Einvernahme“ ist ein sehr unglücklich gewählter aber ebendeshalb bei den Bureaukraten und Schreibern um so beliebterer Ersatz für das sprachlich allein richtige Wort „Vernehmung“.

für den Verkehr mit Behörden höheren Ranges eigens geprägte, wirklich lächerliche Wort „baldgnädig" („Es wird um baldgnädige Anweisung von 1000 Mk. auf Rechnung des Etats ..... gebeten").

Auch bei der Bezeichnung der Behörden, an die sich ein Ersuchen oder eine Mitteilung richtet, sind Höflichkeitsausdrücke zu vermeiden; man soll z. B. nicht schreiben „das verehrliche Kgl. Amtsgericht wird ersucht" oder „der hohen Kgl. Regierung vorgelegt mit dem Berichte" oder „das höchste Kgl. Staatsministerium der Finanzen wird gebeten".

3. Zu den häßlichen Wortbildungen und Zusammensetzungen, die bei genauer Beachtung der Vorschriften des § 3 verschwinden können, gehören z. B. „wohldortig", „wohlgeneigt", wohllöblich", „hochgebietend", „hochgeneigt", „sehr verehrlich", „sehr geschätzt" (das „sehr geschätzte Ersuchschreiben"!), „hochschätzbar", „hochansehnlich", „diensthöflich", „dienstfreundlich" usw. Unnötig ist es auch, Bitten und Ersuchen mit „wollen" zu umschreiben; man soll also z. B. nicht sagen: „ich bitte mir gestatten zu wollen ...." oder „ich bitte dem N. N. davon Kenntnis geben zu wollen", sondern: „ich bitte um die Erlaubnis ....", „ich bitte den N. N. davon zu benachrichtigen".

4. Die Unterwürfigkeitsformeln können auch bei den Eingaben der Rechtsanwälte an Behörden wegbleiben; wegen der Eingaben von Privatpersonen s. § 4 Abs. 5 Satz 2.

§ 4.

Für Eingaben von Privaten an öffentliche Stellen und Behörden wird die folgende Form zum Gebrauche empfohlen (Vgl. die Muster Anlage I und II):

Auf der linken Hälfte der ersten Seite sind vorzutragen:

1. die Adresse,
2. der Betreff,
3. die Zahl und Art etwaiger Beilagen.

Auf der rechten Hälfte der ersten Seite ist oben der Ort und Tag der Eingabe anzugeben, in der Höhe des Betreffs ist mit dem sachlichen Vortrage zu beginnen.

Die zweite und die folgenden Seiten sind nach der ganzen Breite zu beschreiben: im Interesse des Einheftens in die Akten ist jedoch gegen innen ein entsprechender Rand freizulassen.

Unmittelbar nach dem sachlichen Vortrage erfolgt die Unterfertigung; hierbei ist die vollständige Adresse des Absenders anzugeben (Vor- und Zuname, Stand, Wohnort, wenn nötig Postbestellbezirk, Wohnung, Hausname u. dgl.). Unterwürfigkeits- und Höflichkeitsformeln sind nicht erforderlich.

Eingaben von Privaten dürfen nicht deshalb abgelehnt oder zurückgegeben werden, weil sie von der vorstehend [1]) empfohlenen Form abweichen.

Doppelschriften sind nur dann vorzulegen, wenn dies ausdrücklich vorgeschrieben oder durch besondere Umstände geboten ist.

1. Die Vorschriften des § 4 bedürfen keiner eingehenden Erläuterung; die Form, die sie für die Eingaben von Privatpersonen empfehlen, ist im wesentlichen nur die etwas vereinfachte Form der amtlichen Schreiben, von der § 5 handelt. Was zu § 5 bemerkt ist, kann deshalb zum größten Teile auch hier angewendet werden. Ein bestimmtes Format ist für die Eingaben in § 4 nicht bezeichnet; empfehlenswert ist es aber, das sogen. Reichsformat zu wählen, weil es dem Formate der amtlichen Aktenstücke entspricht.

2. Es liegt nicht im Interesse eines raschen und glatten Geschäftsverkehrs, daß man Eingaben und Mitteilungen einfach zurückgibt, die durch ein Versehen oder infolge der Rechtsunkenntnis des Absenders bei einer unzuständigen Stelle eingereicht worden sind; ein solches Verfahren zeugt auch nicht von Entgegenkommen gegenüber dem Publikum.[2]) Die Eingaben, die eine andere Behörde zu

[1]) Die Bekanntmachung bedient sich hier wieder eines sprachlich nicht einwandfreien Ausdrucks. Das „vorstehend" könnte ohne Störung des Sinnes wegbleiben. Kein Mensch kann daran zweifeln, daß sich der Abs. 6 auf die Form bezieht, die in den vorhergehenden Absätzen empfohlen ist.

[2]) Zuweilen wird, wie hier nebenbei bemerkt sein mag, dieses Verfahren auch angewendet, wenn eine höhere Behörde einen Auftrag oder eine andere Entschließung infolge eines Schreibversehens oder

behandeln hat, sind ihr ohne weitere Förmlichkeit zu übersenden; zumeist wird es sich empfehlen, dem Antragsteller davon Kenntnis zu geben. Ein anderes Verfahren ist nur gerechtfertigt, wenn eine Eingabe kraft einer gesetzlichen Vorschrift schon deswegen wirkungslos ist, weil sie nicht bei der richtigen Stelle angebracht wurde.[1])

8. Zu einer Vereinfachung und Verminderung des Schreibwerks könnten auch die Rechtsanwälte beitragen, wenn sie sich daran gewöhnen würden, ihre Gesuche stets der Stelle vorzulegen, die nach den Verordnungen mit der Ermittelung des Sachverhalts und der Abgabe eines Gutachtens betraut ist. Es sind also Begnadigungsgesuche dem Staatsanwalt oder dem Amtsanwalt zu überreichen, Gesuche um Befreiung von Ehehindernissen (Ehelichkeitserklärung, Volljährigkeitserklärung u. dgl.) dem Amtsgerichte. Wird ein Gesuch um Befreiung von der Vorschrift der Wartezeit dem Justizministerium eingesendet, so geht es von dort aus an das zuständige Amtsgericht: es vergehen mitunter 5 bis 8 Tage, bevor die Behandlung beginnen kann.

§ 5.

Die Reinschriften aller amtlichen Berichte, Schreiben und Erlasse erhalten fortan eine einheitliche Form nach Maßgabe der Muster[2]) Anlage III—VI.

Auf der linken Hälfte der ersten Seite sind vorzutragen:

1. die Geschäftsnummer,
2. die Bezeichnung der absendenden Stelle oder Behörde,

eines Fehlers bei der Versendung einer nicht zuständigen Unterbehörde hat zukommen lassen. Es ist wenig taktvoll, wenn man einen Irrläufer der vorgesetzten Stelle wieder vorlegt, um ihr das offen zutage liegende Versehen recht deutlich zu Gemüte zu führen; besser ist es sich solche Scherze zu versagen und den Auftrag einfach weiterzugeben.

Läuft ein Ersuchen ein, das nicht vollzogen werden kann, weil die zu vernehmende Person in einem anderen Bezirke wohnt, so wird man gut tun die Akten nicht zurückzusenden, sondern sie an die zuständige Behörde zu schicken und die ersuchende Behörde davon zu benachrichtigen.

[1]) Auch in solchen Fällen kann es übrigens angezeigt sein, nicht sofort einen abweisenden Beschluß zu fassen, sondern den Antragsteller auf seinen Irrtum aufmerksam zu machen und ihm die Zurücknahme seiner Eingabe anheimzustellen (vgl. über diese Fragen insbesondere Schmitt in den Bl. f. RA. 1905 S. 2 ff.).

[2]) Richtiger wäre: „nach den Mustern".

3. die Adresse,
4. der Betreff,
5. die Bezeichnung des veranlassenden Einlaufes, falls ein solcher vorliegt,
6. die Zahl und Art etwaiger Beilagen,
7. bei Berichten die Bezeichnung des Referenten, falls der Berichterstatter nicht selbst der Referent ist.

Auf der rechten Hälfte der ersten Seite ist oben der Ort und Tag anzugeben, in der Höhe des Betreffs ist mit dem sachlichen Vortrage zu beginnen.

Die zweite und die folgenden Seiten sind nach der ganzen Breite unter Freilassung eines entsprechenden Heftrandes zu beschreiben.

Der Betreff ist möglichst kurz zu fassen; im Texte sind überflüssige Bezugnahmen auf den Betreff und auf den veranlassenden Einlauf zu vermeiden.

Die Unterfertigung erfolgt unmittelbar unter dem sachlichen Vortrage, im Falle der Stellvertretung mit dem Beisatze: „J. V.“.[1])

Entschließungen und Bescheide sind, soweit dies vorgeschrieben ist, auch künftig mit der Überschrift: „Im Namen Seiner Majestät des Königs“ zu versehen.[2])

---

[1]) Der Beisatz v. n. (vicario nomine) sollte nicht mehr gebraucht werden. Zu unterscheiden von dem Ausdruck „J. V.“ ist der Ausdruck „J. A.“ (Im Auftrag). Er wird angewendet, wenn der Abteilungsvorstand oder der Referent einer Verwaltungsbehörde ermächtigt ist, Verfügungen u. dgl. selbständig zu unterzeichnen, ohne daß die Verantwortung des Chefs für den Inhalt der Verfügung aufgehoben ist. (S. die §§ 8, 9 der VO. vom 21. Dezember 1908 über die Bezirksämter, GVBl. S. 1123/4, ferner § 2 der VO. vom 26. September 1907 über die Bildung von Abteilungen in den Staatsministerien, GVBl. S. 680.) Im militärischen Dienstverkehr wird in solchen Fällen die Abkürzung „A. B.“ (Auf Befehl) angewendet (§ 5 Abs. 3 der Bek. des Kriegsministeriums vom 6. Juni 1907, VBl. des Kriegsministeriums S. 150).

[2]) Siehe die Verordnung vom 24. Juli 1879 (GVBl. S. 707, JMBl. S. 337).

1. Die Vorschriften des § 5 — die wichtigsten der Bekanntmachung — verfolgen den Zweck aus den Texten amtlicher Schreiben alles überflüssige Beiwerk zu entfernen. Früher begannen so ziemlich alle Dienstschreiben mit einer langatmigen formalen Einleitung und der Empfänger mußte sich oftmals durch mehrere Seiten hindurchlesen, die mit der Aufzählung nebensächlicher Dinge angefüllt waren, bevor er an den eigentlichen Inhalt des Schriftstücks gelangte. Jetzt sollen die Schreiben sofort mit dem sachlichen Vortrage beginnen. Was nicht dazu gehört, ist auf der linken Seite des Schriftstücks in kurzen Worten zusammenzustellen. Gegen die wohlmeinenden Absichten des § 5 verfehlen sich auch heutzutage noch manche Behörden, selbst solche, die mit dienstaufsichtlichen Befugnissen ausgestattet über die Einhaltung der neuen Formen zu wachen hätten. Den Unterschied zwischen der alten (jetzt falschen) Form und der neuen wird eine Gegenüberstellung am besten erläutern; sie wird auch die Vorzüge der Änderung ins richtige Licht setzen. Wenn das Amtsgericht M das Amtsgericht O um die Entlassung eines Mündels aus der Vormundschaft ersuchte, so verfaßte der Amtsrichter — manchmal tut er es leider auch heute noch — folgendes „Ersuchschreiben“:

Kgl. Amtsgericht M. Betreff: Vormundschaft über Benno Huber, Gütlerssohn von Irrenlohe. ./.	M., den .... 191 In nebenbezeichnetem Betreffe ersuche ich den am 1. Mai 191 volljährig werdenden Rubrikaten, der in O (Karlstr. 29/III) wohnt, unter Übersendung der Vormundschaftsakten und der Akten über die Nachlaßverhandlungen beim Tode seiner Eltern,[1]) deren Rückleitung erbeten wird, namens des unterfertigten Gerichts aus der Vormundschaft zu entlassen
An das Kgl. Amtsgericht O.	.... usw.

[1]) Die Worte „unter Übersendung ..... bis Eltern“ und der darauf folgende Relativsatz sind hier absichtlich an die falsche Stelle gesetzt. Solche Sprachfehler kommen ziemlich häufig vor; sie machen auf den aufmerksamen Leser stets einen komischen Eindruck.

Jetzt würde ein solches Ersuchen zu lauten haben:

Kgl. Amtsgericht M. An das Kgl. Amtsgericht O. Betreff: Die Vormundschaft über den Gütlerssohn Benno Huber von Irrenlohe. Mit 3 Akten gegen R.[1])	Benno Huber in O (Karlstr. 29/III) wird am 1. Mai 191 volljährig. Ich ersuche die Verhandlungen mit ihm zu pflegen .... usw.

Der Bescheid, den eine Privatperson auf ein Gesuch erhielt, hatte früher in der Regel folgende Form:

Kgl. Bezirksamt N. Betreff: Die Verleihung der Staatsangehörigkeit. An Herrn N. N., Kaufmann in B.	Auf die Eingabe, die Sie unter dem[2]) 25. Februar 1901 anher(!) gerichtet haben, wird Ihnen unter Rückschluß[3])(!) der vorgelegten Schriftstücke Folgendes eröffnet: Ihrem Gesuche kann z. B. nicht näher getreten werden, weil ....

---

[1]) Die im Formulare der Anlage I empfohlene Form „Beilagen: 3 Akten g. R." muß nicht unbedingt eingehalten werden. Die hier vorgeschlagene ist kürzer.

Beiläufig sei bemerkt, daß man einen Singularis „Akt" von „Akten" nicht wohl bilden kann, wie das häufig geschieht. Man muß sagen „Aktenheft" oder „Aktenband". Unter „Akt" versteht man die Darstellung des nackten menschlichen Körpers oder den Abschnitt eines Theaterstückes.

[2]) Der Ausdruck „unter dem 25. Februar" soll nicht gerade als falsch bezeichnet werden; aber der Ausdruck „am 25. Februar" ist einfacher und tut in der Regel die gleichen Dienste.

[3]) Ein Lieblingswort der Kanzleimenschen! Man liest noch häufig Sätze wie folgenden: „Die Akten sind zurzeit nicht hier; sie sind am 5. ds. Mts. dem Amtsanwalte zur Kenntnisnahme zugeschlossen worden." Wenn man doch einmal darüber nachdenken wollte, welchen Unsinn man damit niederschreibt!

Der Bekanntmachung vom 28. April 1901 entspricht folgende Form:

Kgl. Bezirksamt N.	
An Herrn N. N., Kaufmann in B.	
Betreff: Die Verleihung der Staatsangehörigkeit.	Ihrem Gesuche kann z. Z. nicht näher getreten werden, weil ....
Mit den Beilagen der Eingabe vom 25. ds. Mts.[1])	

2. Im einzelnen ist folgendes zu bemerken. Aus dem Texte sollen ausgeschieden werden:

a) Die Bezeichnung der absendenden Stelle. Es wirkt schleppend und verzögernd, wenn der Absender eines Schreibens im Texte die Behörde oder Stelle angibt, der er angehört. Einzelrichter und Vorstände bureaukratisch organisierter Behörden sprechen am besten in der ersten Person (ich); bei Kollegial=Behörden (z. B. den Magistraten unmittelbarer Städte) kann unter Umständen der Pluralis (wir) am Platze sein. Also nicht: „Das Bezirksamt M ersucht um Vernehmung des A darüber, ob" sondern: „Ich ersuche usw." Von wem das Schreiben herrührt, ersieht der Empfänger aus der Angabe auf der linken Seite des Bogens.

b) Die Bezeichnung der Adresse. Daß sich ein Schreiben oder ein Bericht an die Behörde richtet, die links als Adressat bezeichnet ist, ist ebenso selbstverständlich, wie daß die Bitten oder Anträge im Texte ihr und nicht einer anderen Stelle unterbreitet werden, soferne nicht der Text ausdrücklich das Gegenteil sagt. Also nicht die „K. Regierung von Oberbayern bitte ich mich ermächtigen zu wollen", sondern „Ich bitte um die Ermächtigung".

c) Die Verweisungen auf den Betreff. Sie gehören zu den beliebtesten Gewohnheiten gedankenloser Vielschreiber. Wenn auf der linken Seite des Bogens steht „Betreff: Vormundschaft über Anna Mayer" so wird dem Empfänger schwerlich der Gedanke kommen, der Inhalt des Schreibens könne sich auf die „Pflegschaft über Xaver Rottenhöfer" be-

[1]) Wegen der Abweichung vom Muster der Anlage VI s. unten Bem. 4.

ziehen. Gleichwohl werden immer noch Wiederholungen des Betreffs — oft in den abgeschmacktesten Ausdrücken — aufeinandergehäuft. Da heißt es: „In dem nebenbezeichneten Betreffe ersuche ich . . .", „Die Akten obigen (übigen, nebigen) Betreffs enthalten nichts darüber, ob", „In rubriziertem Betreffe wurde durch die Erhebungen folgendes festgestellt", „Die Erledigung der im nebenbezeichneten Betreffe bezeichneten Angelegenheit hat sich dadurch verzögert, daß", „Im ausgesetzten Betreffe teile ich mit, daß . . ." usw.

d) **Die Bezeichnung des veranlassenden Einlaufs.** Sie ist gleichfalls auf die linke Seite zu setzen; Umschweife und Höflichkeitsformeln sind dabei zu vermeiden (vgl. Bem. 1 zu § 3). Im Texte sind Aufträge oder sonstige Vorgänge nicht mehr zu erwähnen. Falsch ist also z. B. die Einleitung „In Erledigung des hohen Auftrags vom . . . . berichte ich", oder „Auf das geschätzte Schreiben vom . . . beehre ich mich zu erwidern", „Auf den am . . . hierher gelangten Bericht wird eröffnet", „In Verfolgung der mit jenseitigem [1]) Schreiben vom . . . gegebenen Anregungen wurden Erhebungen darüber eingeleitet . . ." u. dgl. Auch auf Eingaben von Privaten ist in der Weise zu verfügen, daß links geschrieben wird: „Zur Eingabe vom . . . d. Mts." und daß der Text etwa lautet: „Ihrem Antrage kann nicht entsprochen werden, weil . . . ." (vgl. das oben unter 1 angeführte Beispiel und das Muster der Anlage VI).

e) **Die Aufzählung der Beilagen**, eine — wie es scheint — unausrottbare Gewohnheit mancher älterer Juristen.[2]) Das

[1]) Die wenig erfreulichen Wortbildungen „jenseitig", „diesseitig", „dortseitig", „hiergerichtlich", „diesgerichtlich", „diesamtlich", „jenamtlich" (!) können in der Regel einfach gestrichen werden, ohne daß die Verständlichkeit Schaden leidet. Beispiel: „Das [diesgerichtliche] Ersuchen vom 5. Juni 1906 bringe ich in Erinnerung" (vgl. Bem. 1 b zu § 5).

Der Verfasser las vor einiger Zeit ein Schreiben des Staatsanwalts an ein Amtsgericht, in dem es hieß: „Ich ersuche um Mitteilung, ob die durch jenamtliches Urteil vom 3. 7. 1907 gegen N. N. ausgesprochene Gesamtstrafe von 7 Wochen Gefängnis schon vollstreckt worden ist." Nach dem vorausgegangenen Schriftenwechsel war jeder Zweifel darüber ausgeschlossen, von welchem Gerichte die Strafe ausgesprochen worden war. Es hätte genügt, wenn der Staatsanwalt geschrieben hätte „die am 3. 7. 1907 gegen N. N. ausgesprochene Gesamtstrafe" (vgl. auch Bem. 1 b zu § 11).

[2]) Vgl. Zeitschrift für Rechtspflege in Bayern 1906 S. 457.

Justizministerium war genötigt sie in der autographierten Entschließung vom 19. Juli 1905 unter Nr. 2 nochmals ausdrücklich zu untersagen. Gleichwohl ist sie noch nicht ganz verschwunden. Um das „Anliegen" der Beilagen zu veranschaulichen, werden noch immer die schönsten Ausdrücke geprägt, z. B. „Anruhend unterbreite ich einen Bericht des Amtsgerichts N.", oder „Angeschlossen folgen die Akten über das Strafverfahren gegen Andreas Huber", oder „In der remittierlichen (!!!) Anlage übersende ich eine Eingabe des N. N." Statt „beiliegend" oder „anliegend" liest man zuweilen auch „angebogen", „angebunden", „beigebogen", „beigeschlossen", „anverwahrt", „untergebunden", „im Anbuge" u. dgl.

Das Schreibwerk wird übrigens nicht vermindert, wenn die Beilagen wie früher im Texte so nun auf der linken Seite einzeln angeführt und genau beschrieben werden. Der Empfänger muß sich in der Regel die Beilagen doch ansehen; es ist unnötig, etwa die Aktenzeichen oder den „Betreff" beigefügter Akten ausdrücklich zu vermerken. Es genügen Sammel-Bezeichnungen, z. B. „mit 3 Akten und 2 Aktenstücken" [1]) oder „Mit 2 Akten, 4 Plänen, 2 Photographien" oder „Mit 15 Berichten und (g. R.) 2 Übersichten" (vgl. § 6 Abs. 1 und Bem. 2 zu der autograph. Entschl. vom 19. Juli 1905, Anhang II). Sind Beilagen von der Behörde, an die sich das Schreiben richtet, an eine andere Behörde oder an eine Privatperson weiterzugeben, so ist es nicht erforderlich, das im Texte zu sagen und etwa zu schreiben: „Die hier beigefügten Briefe ersuche ich an Johann Maier hinauszugeben". Es ist vielmehr links unter „Beilagen" zu setzen: „6 Briefe zur Zurückgabe an Johann Maier" (vgl. Bem. 4 zu §§ 13, 14).

3. Es ist zwar im § 5 nicht ausdrücklich hervorgehoben, aber wohl selbstverständlich, daß der Text nicht mit überflüssigen, nichtssagenden Eingangsworten belastet werden soll, wie „Ich berichte, daß", „Ich teile mit, daß", „Ich bemerke, daß" oder „Ich berichte folgendes . .", „Ich gestatte mir, auf folgendes aufmerksam zu machen", „Es wird Ihnen Folgendes eröffnet (folgender Bescheid erteilt)". Im übrigen vgl. wegen der Fassung des Textes die Bemerkungen zu § 11.

4. Die Vorschriften des Abs. 2 über die Vermerke, die auf die linke Hälfte der ersten Seite gesetzt werden sollen, wollen kein

[1]) Einzelne nicht in Aktenhefte eingebundene Schreiben.

für alle Fälle geltendes unwandelbares Schema aufstellen. Weitere Vereinfachungen sind zulässig und wünschenswert. Werden z. B. alle gleichzeitig eingelaufenen Akten und Aktenstücke wieder hinausgegeben, so kann man die Bezeichnung des veranlassenden Einlaufs und die der Beilagen verbinden. Statt „Zum Berichte vom 15. ds. Mts." — — — „Mit den Beilagen des Berichts" ist dann zu schreiben: „Mit den Beilagen des Berichts vom 15. d. Mts." Wird auf das Gesuch einer Privatperson verfügt, so wird man schreiben können: „Mit den Beilagen der Eingabe vom ....". Bleibt ein Teil der Beilagen zurück, so wird es heißen: „Mit den Beilagen der Eingabe vom 15. ds. Mts. ausgenommen das (außer dem) Zeugnis des Bezirksarzts".

5. Abs. 5 schreibt vor, daß der „Betreff" möglichst kurz zu fassen ist. Ängstlichkeit und Umständlichkeit verleiten häufig zu einer Übertretung dieser Vorschrift. Es ist durchaus nicht erforderlich, daß im „Betreff" stets der ganze Inhalt des Gesuchs oder des Berichtes vorweggenommen wird.[1]) Er soll nicht etwa dem Empfänger das Durchlesen des Schriftstücks ersparen, sondern nur im allgemeinen den Geschäftszweig andeuten, auf den sich das Schreiben bezieht, damit man es sofort dem für die Bearbeitung zuständigen Beamten zuteilen kann und die Vorakten schneller findet. Nur ein schwerfälliger Pedant wird also z. B. schreiben: „Betreff. Gesuch des Rechtspraktikanten Karl Schneider um Anrechnung einer Unterbrechung des Vorbereitungsdienstes in der Dauer von zwanzig Wochen auf die vorgeschriebene Dauer desselben (!)". Der Vermerk: „Der Vorbereitungsdienst des Rechtspraktikanten Karl Schneider" wird genügen, unter Umständen sogar das Wort „Vorbereitungsdienst".

§ 6.

Die Rückerbittung von Beilagen muß nicht im Texte des Schriftstückes, sondern kann auch dadurch geschehen, daß der Bezeichnung der Aktenstücke auf der linken Hälfte der ersten Seite der Zusatz: „g. R." (gegen Rückgabe) beigefügt wird.

[1]) So ist dem Verfasser einmal ein Bericht vor die Augen gekommen, dessen Gegenstand mit den schönen Worten bezeichnet war: „Das Entweichen des kurz darauf (!!) wieder festgenommenen Untersuchungsgefangenen S. S. von N."

Umfangreichere Schriftstücke sind mit Seitenzahlen zu versehen.

Ein in einem Berichte enthaltener Antrag ist äußerlich hervorzuheben und soweit angängig entweder an den Eingang oder an den Schluß des Berichtes zu stellen.

1. Der Abs. 1 des § 6 bildet eine Ergänzung zu § 5; er will den Text amtlicher Schreiben von den formellen Anordnungen über das Hin- und Hersenden der Akten entlasten. Werden amtliche Schriftstücke zeitweilig an andere Behörden abgegeben, so ist nach § 6 Abs. 1 in Verbindung mit § 10 Abs. 4 ein besonderes Schreiben nicht beizufügen. Einen sachlichen Inhalt könnte es doch nicht haben, es würde nur aus aneinandergereihten leeren Floskeln bestehen und z. B. lauten: „In rubriziertem Betreffe werden gegen baldgefällige Remission (oder „gegen seinerzeitige Rückerstattung") die Akten zur geneigten Kenntnisnahme ergebenst übersendet." Solche inhaltlose Schreiben sind jetzt durch die „Begleitbogen" (Muster der Anlage VIII) zu ersetzen.

2. Soll nur ein Teil der Beilagen zurückgegeben werden, so ist es gleichfalls nicht erforderlich, das im Texte des Schreibens zu erwähnen. Auch hier kann die Abkürzung g. R. gebraucht werden. Auch die höheren Behörden sollten hierauf mehr achten, als es gewöhnlich geschieht. Man kann z. B. auf der linken Seite schreiben: „Mit 3 Akten und (g. R.) 3 Eingaben des N. N." Ganz überflüssig ist es hiernach im Texte etwa zu schreiben: „Die Eingaben des N. N. sind nach der Erledigung des Auftrags wiedervorzulegen".

Es ist zulässig auch unter sog. „kurzhändige" Verfügungen[1]) statt der Unterschrift das Siegel zu setzen, wenn sie keinen sachlichen Inhalt haben. Gelangen z. B. an den Oberstaatsanwalt Strafakten mit dem Bescheide des Ministeriums auf ein Begnadigungsgesuch, so wird es nicht nötig sein, daß er die Verfügung unterschreibt, mit der er sie dem Staatsanwalt zurückgibt, vorausgesetzt, daß nicht Weisungen über die weitere Behandlung der Sache u. dgl. beigefügt werden.[2])

3. Auch die Anordnung Beilagen an andere Behörden oder an Privatpersonen abzugeben, kann auf die linke Seite gesetzt

[1]) S. Bem. 2 zu § 10.
[2]) Vgl. die Anm. 1 zu den Mustern der Anlage VII.

werden und muß nicht im Texte stehen (vgl. Bem. 2e zu § 5 und Bem. 4 zu §§ 13, 14).

§ 7.

Bei amtlichen Schreiben an Beamte, Bedienstete und Privatpersonen ist in der Adresse in der Regel nur die Bezeichnung: „Herr" („Frau", „Fräulein"), und im Texte die Anrede: „Sie" zu gebrauchen.

Bei amtlichen Schreiben an Einzelbeamte, die eine Behörde vertreten, ist in der Innen- und Außenadresse der Name des Beamten nur dann anzugeben, wenn es sich um dessen persönliche Angelegenheiten handelt oder wenn besondere Verhältnisse dies erfordern. Wird der Name nicht angegeben, so sind etwaige persönliche Titel des Beamten, z. B. „Kgl. Oberlandesgerichtsrat", „Kgl. Regierungsrat", und dem Namen beizufügende Prädikate, z. B. „Exzellenz" gleichfalls wegzulassen, so daß die Adresse beispielsweise lautet: „An den Herrn Kgl. Oberamtsrichter in X.", „An den Herrn Kgl. Bezirksamtmann in Y." usw.

Soll erkennbar gemacht werden, daß das Schriftstück nur von dem Adressaten geöffnet werden darf, so ist die persönliche Adresse mit dem Vermerk „Eigenhändig" anzuwenden.

§ 8.

Die protokollarische Form der Beurkundung amtlicher Vorgänge unter Zuziehung eines Aktuars (Protokollführers) ist tunlichst zu beschränken.

In Angelegenheiten, die einfach und nicht streitig sind, genügt eine Vormerkung zu den Akten, je nach Lage der Sache kann auch auf mündliches Vorbringen sofort der schriftliche Bescheid erteilt werden.

Unnötige Erhebungen haben zu unterbleiben, Ersetzungen[1]) sind nur im Falle wirklichen Bedürfnisses und dann, soweit nach dem jeweiligen Stande der Sache tunlich, gleichzeitig zu verfügen.

Die Anordnung von Vollzugsberichten, Empfangsbestätigungen und Fehlanzeigen soll möglichst vermieden werden.

1. Es ist nicht erforderlich über alle Verhandlungen mit Beteiligten Protokolle aufzunehmen, sofern nicht gesetzliche Vorschriften (wie im Zivil- und Strafprozeß) es notwendig machen. Insbesondere kann in der freiwilligen Gerichtsbarkeit sehr häufig die Aufnahme eines Protokolls durch eine sog. Vormerkung[2]) ersetzt werden. Dieses Verfahren ist immer unbedenklich, wenn die Verhandlung nur Bedeutung für den formellen Geschäftsgang hat, und nicht Erklärungen der Beteiligten festzustellen sind, die sachlich wichtig sind oder gar einen rechtsgeschäftlichen Inhalt haben. Es ist z. B. eine zwecklose Vergeudung von Kräften, wenn etwa der Vormundschafts- oder Nachlaßrichter — vielleicht gar unter Zuziehung eines Gerichtsschreibers — folgendes Protokoll abfaßt:

> Es erscheint der Schneider Franziskus Böcklein, hier, Krautheimerstraße 5/II wohnhaft, durch Sachkenntnis ausgewiesen und erklärt: „Meine auf heute vorgeladene Frau Eulalia Böcklein kann nicht erscheinen, weil sie vor acht Tagen von einem Knaben entbunden wurde. Ich bitte, zu gestatten, daß sie ohne weitere Ladung am Mittwoch den 15. Mai 190 . . . vorm. 9½ erscheint." Dem Erschienenen wurde eröffnet, daß diesem Antrag stattgegeben werde.
>
> In Gegenwart der mitwirkenden Personen wurde dieses Protokoll dem Erschienenen vorgelesen, von ihm genehmigt und eigenhändig unterschrieben.
>
> Franziskus Böcklein.

Der praktische Richter wird sich in solchen Fällen mit einem Aktenvermerke begnügen, der etwa lautet: „Eulalia Böcklein konnte nicht erscheinen, weil sie vor kurzem entbunden hat; sie erscheint am 15. Mai 190 . . . . vorm. 9½." In ähnlicher Weise ist z. B. zu verfahren, wenn ein Beteiligter Adressen anderer Beteiligter angibt, oder wenn jemand mitteilt, bei wem der Mündel z. Zt. unter-

---

[1]) Dieser Ausdruck der Bekanntmachung muß beanstandet werden. Gemeint sind „Ergänzungen".

[2]) S. die Vorbemerkungen unter 2.

gebracht ist, oder wenn angegeben wird, daß der Aufenthalt des N. N. nicht ermittelt werden konnte, kurzum immer dann, wenn es sich um die Feststellung von Tatsachen handelt, die für die sachliche Erledigung der Angelegenheit nicht von Belang sind.[1]) So kann z. B. die Aufnahme eines Protokolls auch unterbleiben, wenn ein Beteiligter sich eine Überlegungsfrist ausbedungen hat. Es wird dann zu vermerken sein: „Der Sachverhalt wurde mit N. N. besprochen, er gab zunächst keine Erklärung ab, weil er noch einen Rechtsanwalt zu Rate ziehen will; am 27. ds. Mts. wird er wieder erscheinen."

Für die Verwaltungsbehörden empfiehlt es sich schon um deswillen die Protokolle durch Akten-Vormerkungen zu ersetzen, weil die Protokolle unter Umständen gebührenpflichtig sind (vgl. die Art. 201 ff. GebG.).

2. Einen Protokollführer braucht man zur Aufnahme von Verhandlungen nicht zuzuziehen, wenn nicht eine gesetzliche Vor-

[1]) Bei dieser Gelegenheit sei darauf hingewiesen, daß es ein nicht zu billigender Mangel an kollegialer Rücksicht ist, wenn man sich Aufschlüsse rein tatsächlicher Art, z. B. Angaben über Adressen u. dgl., im Wege der Rechtshilfe zu verschaffen sucht, statt mit den Beteiligten unmittelbar schriftlich ins Benehmen zu treten. Dieses Verfahren wurde schon in der Zeitschrift f. Rechtspfl. in Bayern 1906 S. 457 und 1907 S. 14 gerügt (vgl. auch ebenda 1907 S. 63). Vielen Beamten scheint das Gefühl dafür abhanden gekommen zu sein, daß man damit anderen Behörden eine ganz nutzlose Arbeit überbürdet. Unser Publikum ist im großen und ganzen — von unrühmlichen Ausnahmen in den Großstädten abgesehen — gegenüber den Behörden höflich und entgegenkommend. Es läßt gerichtliche Anfragen nur selten unbeantwortet. Der Arbeiter und der Geschäftsmann der Großstadt wenden auch lieber 5 und 10 Pfennig für die Anschaffung einer Marke auf, als daß sie sich früh morgens — vielleicht mit der Trambahn — an die weit entfernte Gerichtsstelle begeben. Dort müssen sie oft eine Stunde oder gar 2 Stunden warten, bis sie ihre Erklärung abgeben können, und erst nach Verlust eines halben Arbeitstages können sie gegen Mittag nach Hause zurückkehren. In ländlichen Verhältnissen bringt der Gang zu Gericht erst recht Unbequemlichkeiten und Zeitverlust mit sich. (Sehr beachtenswerte Ausführungen über den unmittelbaren Verkehr mit Beteiligten in Strafsachen enthält eine kleine Abhandlung des Staatsanwalts Spatz in den „Grenzboten" Jahrgang 1909 S. 19 ff.).

Ist ausnahmsweise der schriftliche Verkehr mit Beteiligten nicht zweckmäßig, so braucht man deswegen nicht die Behörden der Rechtshilfe in Anspruch zu nehmen und das Publikum durch Vorladungen zu belästigen; man kann sich der Vermittlung der Gemeindebehörden bedienen (vgl. auch §§ 13, 14 der Bekanntmachung).

schrift fordert, daß neben dem leitenden Beamten eine weitere Urkundsperson tätig wird. Zieht der Leiter der Verhandlung zu seiner Entlastung einen Schreiber bei, so hat sich dieser nicht als Urkundsperson zu betrachten; für den Inhalt des Protokolls ist er nicht mitverantwortlich, er ist nur Hilfskraft. Es ist daher nicht erforderlich, daß er am Kopfe des Protokolls unter den mitwirkenden Personen aufgezählt wird und daß er das Protokoll mitunterzeichnet. Die langatmigen Angaben über die „Präsenz" können gekürzt werden[1]) und der „stellv. Gerichtsschreiber" oder der „f. Gerichtsschreiber" können verschwinden. Dies gilt vor allem für die freiwillige Gerichtsbarkeit. Nur ausnahmsweise muß hier zur Beurkundung von Rechtsgeschäften ein Gerichtsschreiber als Urkundsperson zugezogen werden, in der ungeheueren Mehrzahl der Fälle ist der Protokollführer nur Schreibkraft. Da die Vormundschafts- und Nachlaßrichter bei einem einigermaßen stark beschäftigten Gerichte täglich eine beträchtliche Anzahl mündlicher Verhandlungen beurkunden, würden sie das Schreibwerk sehr vereinfachen, wenn sie die Mitwirkung der Schreibkräfte nicht mehr in den Protokollen erwähnen würden (vgl. FGG. §§ 169, 177 Abs. 2 in Verbindung mit §§ 138, 139 der Bekanntmachung vom 20. März 1903, das Nachlaßwesen betr., JMBl. 1903 S. 111, und §§ 50, 51 der Bekanntmachung vom 19. Januar 1900, das Vormundschaftswesen betreffend).

8. Der Abs. 3 des § 8 richtet seine Spitze zunächst gegen die höheren und mittleren Behörden, denen es untersagt wird, die untergebenen Stellen ohne zwingenden Grund durch Anordnung weiterer Ermittelungen oder Erholung von Gutachten zu quälen — ein Verfahren, das häufig nur angewendet wird, um die Er-

---

[1]) Auch in den Beschlüssen der Landgerichte und Obergerichte spielen diese häufig eine Rolle, die ihnen wegen ihrer geringen Bedeutung nicht zukommt. „Die III. Strafkammer des Landgerichts F. hat am 15. März 1908 vormittags 9 Uhr, versammelt in geheimer Sitzung, wobei zugegen waren der K. Landgerichtsdirektor B. als Vorsitzender und die Räte M. und S. (Berichterstatter) als Beisitzer, beschlossen." Man kann unter den Beschluß schreiben: „Beschlossen in der geheimen Sitzung vom 15. März 1908.

K. Landgericht F., III. Strafkammer."

Die Namen der mitwirkenden Richter erfährt der Leser durch die Unterschriften, die ja nach der Vorschrift im § 11 Abs. 4 der Bekanntmachung leserlich sein sollen. Der Berichterstatter kann ein „B. E." unter seinen Namen setzen.

ledigung einer schwierigen Sache ein wenig hinauszuziehen. Aber auch die Unterbehörden können ihm die Lehre entnehmen, daß in der Regel alle Ermittelungen gleichzeitig anzuordnen sind, die bei der „Instruktion“ einer Sache, bei der Vorbereitung einer Entscheidung nötig werden. Dagegen wird sehr häufig verstoßen. Man findet sehr oft (besonders bei überlasteten Verwaltungsbehörden, aber auch bei den Richtern der freiwilligen Gerichtsbarkeit) folgendes Verfahren. Läuft eine Eingabe oder eine Beschwerde ein, die ohne umfassende tatsächliche Feststellungen nicht erledigt werden kann und die Notwendigkeit einer nicht ganz einfachen Entscheidung erwarten läßt, so sucht man den „Einlauf“ zunächst auf gute Manier wieder los zu werden. Man überlegt nicht, auf welche Punkte es ankommt, welche Personen und Behörden gehört, welche Akten erholt werden müssen und trifft nicht alle Anordnungen auf einmal, sondern man schickt das Schriftstück an die Behörde A. zur Äußerung, dann an die Behörde B. zur Äußerung und Kenntnisnahme, dann an den Bezirksarzt zur Begutachtung;[1]) hierauf wird zuerst die eine, dann die andere Person vernommen; zur Abwechslung wird einmal ein Strafregisterauszug erholt usw. So oft das Schriftstück zurückkehrt, wird es mit einer geschäftsleitenden Verfügung wieder hinausgeworfen. Hierbei waltet ganz im Stillen und unbewußt im Herzen des Beamten die Hoffnung, durch diese zögernde Sachbehandlung werde er sich die unangenehme Entscheidung vom Halse halten: er werde befördert oder versetzt werden und die peinliche Aufgabe werde dann dem Nachfolger bleiben, oder der Antragsteller werde in ein besseres Jenseits übergehen, bevor die Sache zur Entscheidung reif sei. Seine Gedanken erinnern an die des Gymnasialschülers, der die Anfertigung seiner Aufgaben bis zum Ende der Ferien verschiebt, weil er immer noch hofft, ein wohltätiger Blitzschlag oder ein kleines Erdbeben werde das Gymnasialgebäude noch rechtzeitig dem Boden gleich machen. Aber der uneingestandene Zweck wird nur selten erreicht. Die schleppende Behandlung rächt sich an dem Urheber selbst: er häuft sich einen Wust von kleinlichen Arbeiten auf, die Akten schwellen zu dicken, unübersichtlichen Bündeln an, in denen sich niemand mehr auskennt, und der Mangel eines zielbewußten Vorgehens führt schließlich dazu, daß trotz aller Schreiberei wichtige Dinge

[1]) Bekannt ist die Anekdote von dem Verwaltungsbeamten, der jeden Einlauf zunächst an den Distriktstierarzt „zur gutachtlichen Äußerung“ schickte, in dem von einer Kuh oder einer Ziege die Rede war.

übersehen werden. Wird jede Angelegenheit von Anfang an energisch in Angriff genommen und wird folgerichtig vorgegangen, so wird bald die Arbeit geringer werden und man wird für die zeitweilige stärkere Belastung reichlich entschädigt sein.

§ 9.

Bei der Begründung von Entscheidungen ist unbeschadet der Gründlichkeit möglichste Kürze anzustreben.

1. Es ist schon viel darüber geklagt worden, daß die gerichtlichen und verwaltungsrechtlichen Entscheidungen viel zu breit und weitschweifig sind und daß die Partei nichts mit ihnen anzufangen weiß. Mehrere verdienstvolle Werke haben treffliche Anleitungen gegeben, und die Fachzeitschriften und die Tagespresse bekämpfen unausgesetzt wenigstens die gröbsten Verfehlungen: dennoch ist noch keine nennenswerte Besserung eingetreten. Es kann nicht unsere Aufgabe sein, hier eine erschöpfende Unterweisung zu geben; es sollen nur die wichtigsten Mißgriffe der Praxis besprochen werden.[1]) Es ist dabei zunächst an die Urteile und Beschlüsse in bürgerlichen Rechtsstreitigkeiten gedacht; einzelne Ausführungen gelten jedoch auch für die Beschlüsse in der freiwilligen Gerichtsbarkeit und für die Bescheide der Verwaltungsbehörden.[2])

2. Die meisten Fehler entstehen dadurch, daß der Richter sich nicht bewußt bleibt, daß er für die Parteien schreibt und daß

[1]) Diese Ausführungen waren, soweit sie in der 1. Auflage standen, schon niedergeschrieben, als die Bek. des Staatsministeriums der Justiz vom 9. September 1907 Nr. 36 104 (Anhang IV) erschien. Sie stimmen mit den dort gegebenen Weisungen nur zum Teil überein.

[2]) Vgl. zum folgenden insbesondere: Wengler, der Tatbestand des Zivilurteils (Erlangen 1884); Daubenspeck, Die Sprache in den gerichtlichen Entscheidungen (Berlin 1893); Referat, Votum und Urteil (10. Auflage, Berlin 1911); Der jurist. Vorbereitungsdienst in Preußen (Berlin 1900) S. 140 ff.; Lunglmayr, Der jurist. Vorbereitungsdienst in Bayern (Berlin 1905) Bd. I S. 438 ff.; Küttner, Leitfaden für die Unterweisung der Referendare im Abfassen von Urteilen (3. Auflage, Leipzig 1908, mit einem Anhange, der Urteilsbeispiele enthält); Korn, Anleitung zur formellen Bearbeitung von Urteilen in Zivilprozessen 1. und 2. Instanz (2. Auflage, Berlin 1907); Meyer, Anleitung zur Prozeßpraxis (8. Auflage, Berlin 1910); Kunkel in der Zeitschrift f. Rechtspfl. in Bayern 1907 S. 53 ff.; Schwab ebenda S. 41 ff.

ihn deshalb auch der Laie verstehen soll. Er soll nicht darauf ausgehen, eine „Fleißarbeit“ zu den Akten zu liefern, die wegen ihrer Länge die Bewunderung und das Wohlgefallen der Vorgesetzten erregt, noch auch darauf, eine Entscheidung anzufertigen, in der alles „festgenagelt“ ist, so daß die höhere Instanz nicht allzuleicht einen Angriffspunkt findet. Ebensowenig soll er das Urteil als eine wissenschaftliche Abhandlung betrachten, die die Literatur bereichern und ein glänzendes Zeugnis von den Kenntnissen und Fähigkeiten des Berichterstatters ablegen soll. Er soll sich stets als Richter nicht als Schriftsteller fühlen. Neben der falschen Auffassung von der Aufgabe des Richters und der Bedeutung der Urteile wirken nicht selten irrige Vorstellungen von den Anforderungen des Gesetzes an die Fassung der Urteile mit. Es soll auch nicht geleugnet werden, daß es Vorgesetzte gibt, die den Wert eines Urteils und die Tüchtigkeit seines Verfassers nach der Zahl der vollgeschriebenen Seiten beurteilen. Einer solchen handwerksmäßigen Auffassung wird der Richter wirksam durch Berufung auf die Absichten der höchsten Stelle entgegentreten können, die in der Bekanntmachung vom 9. September 1907 Nr. 36104 unzweideutigen Ausdruck gefunden haben.

Die häufigsten Fehler sollen kurz besprochen werden.

a) Übermäßige Länge und unübersichtliche Fassung des Tatbestandes. An die Stelle der „gedrängten Darstellung des Sach- und Streitstandes“, die der § 313 Nr. 3 ZPO. fordert, wird ein langatmiger Aktenauszug gesetzt, in dem mit ängstlicher Gewissenhaftigkeit die ganze Prozeßgeschichte vorgetragen wird. Die gesetzlich vorgeschriebene „Hervorhebung der Anträge der Parteien“ artet zu einer Wiedergabe der gesamten rechtlichen und tatsächlichen Ausführungen der Beteiligten aus; oft wird einfach der Wortlaut der Schriftsätze in indirekter Rede zusammengestellt.

Bei richtigem Verfahren muß zunächst eine sorgfältige Auswahl getroffen werden. Die Prozeßgeschichte ist nur aufzunehmen, soweit sie für die Entscheidung der Sache (z. B. für den Kostenpunkt) von Belang ist oder doch in einer höheren Instanz Bedeutung gewinnen kann. Vorgänge, die durch den Verlauf des Rechtsstreits gegenstandslos geworden sind, können mit Stillschweigen übergangen werden. Die rechtlichen Ausführungen der Parteien und ihrer Vertreter können und sollen wegbleiben, soweit sie nicht zur Kennzeichnung der rechtlichen Eigenart der Ansprüche oder der

Einwendungen dienen können (vgl. Seuffert Bem. 4 zu § 313 ZPO.). Das wörtliche Abschreiben der Schriftsätze ist zu unterlassen. Freilich darf anderseits das Streben nach Kürze nicht dazu führen, daß nur das Gerippe eines Tatbestandes gegeben und die in § 313 Abs. 2 ZPO. gegebene Befugnis zur Bezugnahme auf den Inhalt der Schriftsätze mißbraucht wird (vgl. die Zitate bei Seuffert a. a. O. und Ziff. I Nr. 1 Abs. 3 der Bek. vom 9. September 1907 Nr. 36104).

b) Wiederholungen. Sie entstehen in der Regel durch die falsche Auffassung von der Bedeutung des Tatbestandes. Ist der Vortrag der zum größten Teile belanglosen Prozeßgeschichte beendet, so ergibt sich das Bedürfnis, das Wesentliche aus ihm herauszuschälen, insbesondere das Feststehende und das Streitige gegenüberzustellen, also in gedrängter übersichtlicher Form zu wiederholen, was kurz zuvor umständlich und weitschweifig erzählt wurde (vgl. die Vorschriften der Bek. Nr. 36104 vom 4. September 1907 [Anhang IV] unter I, 1).

Ein Beispiel wird besser wirken, als alle Erörterungen. Setzen wir den einfachen Fall, daß eine Darlehensforderung eingeklagt ist und daß der Beklagte behauptet, er habe sie getilgt. Der falsche Tatbestand wird lauten: „Mit der am 27. vor. Mts. zugestellten Klage vom 21. vor. Mts. hat A. B. beantragt den M. N. zur Zahlung von 200 Mk. zu verurteilen. Zur Begründung hat er behauptet, er habe dem M. N. am 21. Juni 1910 200 Mk. vorgestreckt, damit er einen drängenden Gläubiger befriedigen könne. M. N. habe versprochen die 200 Mk. am 27. Juli 1910 zurückzuzahlen, dieses Versprechen aber nicht gehalten. Er sei deshalb zur Klage genötigt. In der mündlichen Verhandlung über die Klage, die auf den 28. Oktober 1910 anberaumt war, hat der Beklagte zugegeben, daß er am 21. Juni vom Kläger 200 Mk. als Darlehen erhalten und versprochen hat das Geld am 27. Juli 1910 zurückzuzahlen. Er hat jedoch behauptet, daß er dieser Verpflichtung nachgekommen sei. Am 26. Juli 1910 habe er die 200 Mk. dem Bauer Gabriel Graps eingehändigt, den der Kläger bevollmächtigt habe die Geldsumme in Empfang zu nehmen. Der Kläger hat nicht bestritten, daß Graps das Geld erhalten hat, jedoch vorgebracht, Graps sei nicht sein Bevollmächtigter gewesen, habe das Geld auch nicht an ihn abgeliefert. Der Beklagte hat hierauf erklärt, er wolle gar nicht behaupten, daß Graps die Summe dem

Kläger übergeben habe, jedoch bleibe er darauf bestehen, daß Graps Bevollmächtigter gewesen sei."

Am Anfang der Urteilsgründe wird nun erst gesichtet. Wir lesen: „Es ist nicht bestritten, daß der Beklagte am 21. Juni 1910 ein Darlehen von 200 Mk. vom Kläger erhalten und sich verpflichtet hat es am 27. Juli 1910 zurückzuerstatten. Es ist auch unbestritten, daß der Beklagte am 26. Juli 1910 dem Bauer Gabriel Graps 200 Mk. für den Kläger ausgehändigt hat, daß aber Graps sie nicht abgeliefert hat. Streitig ist unter den Parteien nur, ob Graps vom Kläger bevollmächtigt gewesen ist die Forderung einzuziehen". Das alles haben wir schon einmal gehört.

Der richtige Tatbestand ist weit kürzer als der falsche; er macht auch jede Wiederholung in den Gründen unnötig. „Der Kläger streckte am 21. Juni 1910 dem Beklagten 200 Mk. zur Zahlung einer dringenden Schuld vor. Der Beklagte verpflichtete sich das Darlehen am 27. Juli 1910 zurückzuzahlen. Er gab am 26. Juli 1910 dem Bauer Gabriel Graps 200 Mk. für den Kläger, Graps lieferte jedoch das Geld nicht ab. A. B. hat nun Klage auf Verurteilung des M. N. zur Zahlung der 200 Mk. erhoben; der Beklagte hat beantragt sie abzuweisen. Der Streit dreht sich darum, ob Graps vom Kläger bevollmächtigt war die Forderung einzuziehen, und ob sie deshalb mit der Übergabe der 200 Mk. an Graps getilgt worden ist" . . . . . Damit ist alles Notwendige gesagt. Die Prüfung des Sachverhalts nach der tatsächlichen und nach der rechtlichen Seite kann sofort beginnen.

Häufig werden übrigens die Wiederholungen auch dadurch veranlaßt, daß man äußerliche Trennung des Tatbestandes und der Gründe für unbedingt erforderlich hält, obwohl sie doch weder vom Gesetze vorgeschrieben, noch überall zweckmäßig ist. Sie genießt infolge langjähriger Übung beinahe das Ansehen eines Dogmas. Aber die Grenzen zwischen dem Tatbestand und den Gründen sind flüssig. Nicht immer läßt sich mit völliger Sicherheit die Frage lösen, in welchem Abschnitte der Entscheidung die einzelnen Bestandteile unterzubringen sind. Diese Unsicherheit führt dazu, daß in den Gründen zum zweitenmal erscheint, was der Leser schon aus dem Tatbestand erfahren hat. Es ist schwer dieser Gefahr zu entgehen.

Beispiel: A ist über ein Feld des B gefahren; B klagt auf Schadensersatz; A behauptet, B habe ihm erlaubt das Feld zu befahren, vorsorglich bringt er noch vor, der Schaden sei kleiner gewesen, als B angibt. Der Richter, der Tatbestand und Gründe äußerlich trennt, beginnt sein Urteil mit folgender Darstellung des Sach- und Streitstandes:

„B hat gegen A Klage erhoben mit dem Antrage den B zur Zahlung von 5 Mk. zu verurteilen. Zur Begründung hat er vorgebracht, A sei am 5. Juni 1906 über sein Grundstück Pl.-Nr. 200 gefahren ohne ein Recht dazu zu haben, er habe hierbei die Erzeugnisse des Grundstücks beschädigt, der Schaden betrage 5 Mk. A hat die Abweisung der Klage beantragt; er hat zwar zugegeben, daß er am 5. Juni über das Grundstück Pl.-Nr. 200 gefahren sei und daß dadurch die Erzeugnisse beschädigt worden seien. Er hat jedoch behauptet, B habe ihm auf seine Bitte erlaubt das Grundstück zu befahren. Vorsorglich hat er beantragt, die Klage abzuweisen, soweit der Anspruch den Betrag von 2 Mk. übersteige; denn der Betrag des Schadens sei keinesfalls höher gewesen als 2 Mk. B hat diesem Vorbringen widersprochen; zum Beweise dafür, daß der Schaden 5 Mk. betragen habe, hat er sich auf das Gutachten des N berufen (usw.). A hat den P als Zeugen dafür benannt, daß B ihm die Fahrt über das Feld gestattet habe (usw.)."

Wenn nunmehr der Richter an die Abfassung der Entscheidungsgründe geht, hält er es für notwendig, zunächst festzustellen, daß der tatsächliche Vorgang, der dem Rechsstreite zugrunde liegt, sich wirklich so abgespielt hat, wie es in der Klage behauptet worden ist. Er wiederholt daher aus dem Tatbestande die Angabe, daß A das Befahren des Grundstücks und die Beschädigung von Erzeugnissen zugestanden habe, und knüpft daran die Ausführung, daß die Behauptungen des A keines Beweises bedürfen. Die Notwendigkeit, darzulegen, in welcher Richtung sich die Einwendungen des A bewegen, gibt ihm Anlaß, wieder einen Teil des Tatbestandes zu wiederholen. Bei der Würdigung der Frage nach der Beweislast wird dann vielleicht zum drittenmale auf den Tatbestand zurückgegriffen und nochmals erwähnt, daß B bestreitet, die Erlaubnis zur Benützung des Grundstücks erteilt zu haben.

Ein geschickter Urteilsfasser wird solche Wiederholungen vielleicht auch dann soviel als möglich einzuschränken wissen, wenn er die übliche Form beibehält. Aber der weniger Gewandte sollte bedenken, daß er sich seine Aufgabe erleichtert und sich vor der Gefahr des „Wiederkäuens" schützt, wenn er das Urteil nicht wahllos und ohne genauere Überlegung in jedem Falle in Tatbestand und Gründe spaltet. Vor allem fallen bei der Zusammenfügung von

Tatbestand und Gründen die Schwierigkeiten weg, die sich aus dem Unterschiede zwischen „Tatbestand" und „tatsächlicher Feststellung" ergeben (vgl. Kunkel a. a. O. S. 56); das soeben durchgeführte Beispiel läßt sie anschaulich hervortreten. Auch die Frage wird gegenstandslos, ob das Ergebnis der Beweisaufnahme im Tatbestand oder in den Gründen angeführt werden soll.

c) Würdigung belangloser Rechts- und Tatfragen. Dieser Fehler entspringt nicht immer aus dem Mangel juristischen Denkens, sondern wird unter Umständen mit vollem Bewußtsein begangen. Es wirkt oft eine gewisse Eitelkeit mit — man will zeigen, daß man über jede Frage etwas zu sagen weiß, und mit den Kenntnissen nicht zurückhalten. Oder man will sich den Rücken decken für den Fall, daß eine höhere Instanz von einer anderen rechtlichen Beurteilung der Sache ausgehen sollte, und denkt: „Doppelt genäht, hält fest." Nur müssen leider die Parteien die Kosten dieser vermeintlichen Vorsichtsmaßregeln tragen. Und je tiefer das Urteil in Rechtsfragen hineinsteigt, um so größer wird die Gefahr, daß unrichtige oder doch angreifbare Ausführungen mitunterlaufen. Dadurch können die Parteien zur Einlegung aussichtsloser Rechtsmittel ermuntert werden, wie Kunkel a. a. O. S. 56 mit Recht hervorhebt.[1]) Eine gewisse Verwandtschaft mit dem soeben geschilderten Fehler hat der folgende:

d) Aufnahme wissenschaftlicher Polemik. Es sind die „gelehrten" Richter, die leicht in diesen Fehler verfallen. Sie begnügen sich nicht damit kurz und bündig zu den Fragen Stellung zu nehmen, die für das Schicksal des Rechtsstreits den Ausschlag geben. Sondern sie betrachten die Entscheidung als eine willkommene Gelegenheit, um — wieder auf Kosten der Parteien — mit sämtlichen Gegnern gründlich abzurechnen. Alle ihre Äußerungen werden mit Sorgfalt vorgeführt und abgetan. Da wir immer noch in einer Übergangszeit leben, kann man allenfalls dieses

[1]) Eine arge Vergeudung der Kräfte ist es, wenn man auf den materiellen Inhalt einer angefochtenen Entscheidung eingeht, obwohl das Rechtsmittel aus formellen Gründen verworfen wird. Wird z. B. ein auf § 170 der StPO. gestützter „Antrag auf gerichtliche Entscheidung" verworfen, weil er nicht von einem Rechtsanwalt unterzeichnet ist, so hat es gar keinen Sinn, den ganzen Sachverhalt ausführlich darzulegen und die Gründe abzuschreiben, mit denen Staatsanwalt und Oberstaatsanwalt ihre ablehnende Haltung gerechtfertigt haben. Gleichwohl ist eine solche Vielschreiberei noch bei einzelnen bayerischen Oberlandesgerichten üblich.

Verfahren dann billigen, wenn es bei den höchsten Gerichtshöfen angewendet wird, deren Entscheidungen eine über den Einzelfall hinausgehende Bedeutung beanspruchen können. Aber die unteren Instanzen können und sollen sich Beschränkungen auferlegen. Dem Bauer, dem Handwerker und dem Kaufmann ist es im Grunde genommen doch recht gleichgültig, ob die Darlegungen von „N. N. im Archiv für zivilistische Praxis“ wirklich in allen Teilen einwandfrei sind, oder ob „Z. in der Zeitschrift für deutschen Zivilprozeß“ einige höchst irrtümliche Ansichten aufgestellt hat.[1])

e) Zurücktreten der eigenen Meinung des Richters. Dieser Fehler ist das Gegenstück des soeben besprochenen, er entspringt aus Mangel an Selbstvertrauen und Unterschätzung des Wertes selbständiger Auffassung. Jede Äußerung wird in einen Knäuel von Zitaten eingehüllt. Der Richter getraut sich nicht die Kinder seines Geistes ohne schützende Bedeckung in die Welt hinausziehen zu lassen. Manchmal wird die Ängstlichkeit so weit getrieben, daß genau dargelegt wird, wie die Entscheidung ausfallen würde, wenn man dem Urteile die vom Gerichte nicht gebilligte Anschauung zugrunde legen würde. Die Folgen jeder Ansicht werden gesondert entwickelt. Man kann z. B. Sätze folgender Art lesen: „Bei dieser Annahme hat sich das Gericht der von Planck a. a. O. (folgen 20 weitere Autoren) vertretenen Meinung angeschlossen. Anders freilich würde zu urteilen sein, wenn man der Anschauung von Staudinger-Engelmann beitreten wollte, die auch von ..... (folgen wieder 20 Autoren) geteilt wird. Denn dann würde zu erwägen sein, daß sich der Beklagte zu Unrecht darauf beruft, daß ..... Daraus würde sich folgerecht ergeben, daß seine Einwendung ..... unbegründet ist. Der Klage müßte sonach in diesem Falle stattgegeben werden, weil ..... Allein, wie schon oben des Näheren dargelegt wurde, vermag sich das Gericht der Ansicht von Staudinger-Engelmann nicht anzuschließen, wenn auch nicht zu verkennen ist“ ..... (hier folgt dann noch eine Verbeugung gegenüber den Vertretern der nicht angenommenen Ansicht und eine förmliche Entschuldigung).

---

[1]) Man soll in den Urteilsgründen auch nicht den Unterrichter abkanzeln oder ihm väterlich wohlwollende Lehren darüber geben, wie er seine Sache besser hätte machen können. Das höhere Gericht hat keine Aufsichtstätigkeit auszuüben. Der Ausdruck der Entrüstung über Fehler und Ungeschicklichkeiten der Parteivertreter ist gleichfalls nicht am Platze.

Treten solche Abschweifungen mehrmals nacheinander auf, so wird das Urteil zu einer umfangreichen Kompilation und der Leser gewinnt den Eindruck, als sei eigentlich nicht die Zivilkammer des Landgerichts N. zu Gericht gesessen, sondern der Kommentar von Planck. So große Wertschätzung auch die Verfasser der Kommentare und Handbücher verdienen, ist es doch nicht zu wünschen, daß sie zu angebeteten Götzen werden und daß man ihren Erläuterungen eine ähnliche Ehrfurcht wie gesetzlichen Vorschriften zollt.

Auch das ängstliche Anklammern an die Kommentare würde unterbleiben, wenn man bei der Abfassung der Entscheidungsgründe mehr an die Bedürfnisse der Parteien dächte, weniger daran, was ihre rechtskundigen Vertreter interessiert. Der Prozeßbeteiligte erwartet eine Entscheidung des Gerichts; von der Persönlichkeit der Richter wird er einen um so besseren Eindruck gewinnen, je entschlossener und unzweideutiger die Gründe sich über die Würdigung des Falles aussprechen und je weniger ihn das Urteil in Zweifel stürzt. Sollte es wirklich zweckmäßig und dem Ansehen des Juristenstandes förderlich sein, wenn man dem Laien recht deutlich vor die Augen führt, wie man bei dem gegenwärtigen Stande unserer Rechtswissenschaft jede Rechtsfrage in verschiedener Weise lösen kann?[1])

8. Bei den Urteilen in Strafsachen[2]) treten die soeben geschilderten Fehler weniger häufig und weniger störend hervor. Aber auch hier führt mitunter die ungenügende Beachtung der gesetzlichen Vorschriften zu überflüssiger Breite. § 266 Abs. 1 Satz 1 der StPO. verlangt, daß bei der Verurteilung des Angeklagten die Urteilsgründe die für erwiesen erachteten Tatsachen angeben, in denen die gesetzlichen Merkmale der strafbaren Handlung gefunden werden. Er verlangt nicht, daß der Richter die Gründe entwickelt, die zu seiner Überzeugung geführt haben, und seinen ganzen Gedankengang aufzeigt. Diese Regel durchbricht der Satz 2 des Abs. 1 nur für den Fall, daß der „Beweis aus anderen Tatsachen gefolgert wird“: dann müssen auch die Tatsachen angegeben werden, auf denen die Folgerung beruht (die sog. Beweistatsachen). Niemals ist es dagegen notwendig, daß sich die

[1]) In der vor kurzem erschienenen Schrift von Zacharias „Gedanken eines Praktikers zur Frage des juristischen Modernismus“ (Berlin 1910), werden auf S. 19 ff. ähnliche Gedanken entwickelt.

[2]) Auf den Entwurf einer neuen StPO. ist hier keine Rücksicht genommen.

Urteilsgründe über den Wert oder Unwert einzelner Beweismittel verbreiten, verschiedene Beweismittel gegeneinander abwägen und alle Behauptungen und Schlußfolgerungen der Anklagebehörde, des Angeklagten oder des Verteidigers widerlegen (vgl. Loewe, Bem. 5 zu § 266 StPO.).

Bei einer größeren Rauferei ist z. B. A durch einen Messerstich verletzt worden; das Gericht gelangt zu der Überzeugung, daß B der Täter ist. Daß B den Stich geführt hat, hat zwar niemand gesehen, es steht aber fest, daß er sich an der Rauferei beteiligte, daß er sich in der Nähe des Verletzten befand, ein offenes Messer in der Hand hielt und daß er schon früher geäußert hatte, er werde dem A „heute noch eines versetzen". Diese Tatsachen, aus denen das Gericht seine Überzeugung von der Schuld des B schöpft, müssen festgestellt werden. Überflüssig ist dagegen die Zergliederung der aus der Logik und der Erfahrung gewonnenen Sätze, die das Gericht bei seiner Schlußfolgerung angewendet hat, und die Polemik gegen die abweichenden Ausführungen des Verteidigers. Überflüssig sind Auseinandersetzungen darüber, warum diesem oder jenem Zeugen nicht Glauben geschenkt wurde, der ein Messer in der Hand des B nicht gesehen haben will, und die Erwähnung der Umstände, die für die Glaubwürdigkeit der Gegenzeugen sprechen. Solche Erörterungen sind in der Regel nur eine Wiedergabe der persönlichen Eindrücke des Urteilsfassers, nicht aber ein Bericht über die Meinungen des Gerichts. Kein Kollegium wird über alle einzelnen Elemente der Beweiswürdigung beraten und abstimmen, wenn Einigkeit über das Ergebnis besteht; für den einen mag diese, für den anderen jene Erwägung ausschlaggebend sein. Deshalb kann man auch die langatmigen Ausführungen über die Beweiswürdigung nicht schlechthin damit rechtfertigen, daß man ihren Wert für ein etwaiges Wiederaufnahmeverfahren hervorhebt.

Ausnahmsweise kann eine Prüfung der einzelnen Zeugenaussagen und anderen Beweismittel am Platze sein, so z. B. dann, wenn auffällige Widersprüche bestehen. Es ist denkbar, daß es in einem späteren Verfahren, z. B. in einem Zivilprozesse oder in einer Untersuchung wegen einer Eidesverletzung, darauf ankommt, welches Gewicht einer Aussage beigemessen wurde.[1]) Doch ist natürlich auch in solchen Fällen darauf zu achten, daß nicht dem

[1]) Vgl. im übrigen wegen der Abfassung der Urteile in Strafsachen Ziff. II der Bek. Nr. 36104 vom 9. September 1907 (Anhang IV).

Gerichte die persönliche Auffassung des Berichterstatters untergeschoben wird.

Wird der Angeklagte freigesprochen, so müssen die Urteilsgründe ergeben, ob er nicht überführt werden konnte, oder ob aus Rechtsgründen die erwiesene Tat für nicht strafbar erachtet wurde (§ 266 Abs. 4 der StPO.). Eine Würdigung aller Ergebnisse der Beweisaufnahme ist also auch hier in der Regel entbehrlich.

4. Besonders verwerflich ist der sog. „Erwägungsstil", eines der schrecklichsten Überbleibsel früherer Zeiten. Die Meinung, daß er zur Kürze und Übersichtlichkeit beitrage, ist zwar weitverbreitet, beruht aber nichtsdestoweniger auf leerer Einbildung. Wie sollte ein Beschluß dadurch einfacher und klarer werden können, daß man die indirekte Rede statt der direkten anwendet und daß man aus 20 oder mehr Sätzen einen Satz bildet? Jede im Erwägungsstile gehaltene Entscheidung läßt sich mühelos in eine der deutschen Sprache angemessene Form übertragen, und nur Bequemlichkeit, Denkfaulheit und Gleichgültigkeit sind schuld daran, daß man die veraltete und abgeschmackte Schreibweise noch nicht aufgegeben hat.

Zur Beleuchtung der „Vorzüge" des Erwägungsstiles sei wörtlich ein Beschluß eines bayerischen Oberlandesgerichts hierher gesetzt, der sich überhaupt durch nachlässige Behandlung der Sprache auszeichnet.

„In der Erwägung,

daß M. L. gegen den diesgerichtlichen[1]) Beschluß vom 30. Dezember 1906 mit von (!) ihm selbst unterschriebenem Schriftsatze vom 3. März 1907 wiederholt um Bewilligung des Armenrechts, das ihm durch bezeichneten (!) Beschluß verweigert wurde, nachgesucht, eventuell Beschwerde gegen den Beschluß eingelegt hat,

daß eine Veranlassung, von dem Beschlusse vom 30. Dezember 1906 abzugehen, nicht besteht,

daß demnach über die eingelegte[2]) Beschwerde zu befinden ist,

---

[1]) Wäre dieses schöne Wort weggeblieben, so hätte gleichwohl niemand daran gezweifelt, daß ein Beschluß des OLG. gemeint ist, M. L. wohl am wenigsten!

[2]) Dreimal spricht der Beschluß von der eingelegten Beschwerde. Sollte etwa M. L., wenn nur von der Beschwerde gesprochen würde, darüber im Unklaren sein, daß von der Beschwerde die Rede ist, die er eingelegt hat? Sollte er etwa auf den Gedanken kommen, daß über eine Beschwerde entschieden werde, die er nicht eingelegt hat?

daß Beschwerden gegen die Entscheidung eines Oberlandesgerichts nur durch Erklärung zum Protokoll des Gerichtsschreibers des Oberlandesgerichts oder durch Einreichung einer zum Protokolle des Gerichtsschreibers eines Amtsgerichts erklärten oder von einem Rechtsanwalt unterzeichneten Beschwerdeschrift eingelegt werden können (§ 569 II ZPO.),

daß die eingelegte (!) Beschwerde keiner dieser Formvorschriften entspricht, deshalb formell als unzulässig zu erachten ist,

wird beschlossen:

Die eingelegte (!) Beschwerde des M. L. gegen den diesgerichtlichen (!) Beschluß vom 30. Dezember 1906 wird als unzulässig kostenfällig verworfen".

Sehen wir zu, ob sich dieses Muster der Kanzleisprache nicht ohne besondere Schwierigkeiten in eine einfachere Form bringen läßt und ob es nicht dann dem Verständnisse des M. L. näher gerückt sein wird.

„Die Beschwerde des M. L. gegen den Beschluß vom 30. Dezember 1906 wird verworfen. M. L. hat die Kosten zu tragen.

Gründe.

Durch den Beschluß vom 30. Dezember 1906 wurde dem M. L. die Bewilligung des Armenrechts verweigert. Er hat am 3. März 1907 ein von ihm selbst unterzeichnetes Schriftstück eingereicht. Darin hat er wiederholt um Bewilligung des Armenrechts gebeten und für den Fall, daß der Bitte nicht stattgegeben werden sollte, Beschwerde gegen den Beschluß vom 30. Dezember 1906 eingelegt. Es besteht kein Anlaß, von dem Beschlusse abzugehen. Die Beschwerde aber ist formell unzulässig. Denn Beschwerden gegen die Entscheidung eines Oberlandesgerichts müssen entweder zu Protokoll des Gerichtsschreibers des Oberlandesgerichts erklärt oder mit einer zum Protokolle des Gerichtsschreibers eines Amtsgerichts erklärten oder von einem Rechtsanwalt unterzeichneten Beschwerdeschrift eingelegt werden (§ 569 II ZPO.). Keiner dieser Formvorschriften entspricht die Beschwerde". [1])

Wir überlassen es dem Leser auf Grund dieses Beispiels selbst die Frage zu entscheiden, welche Form klarer, einfacher und dem Rechtsunkundigen verständlicher ist.

---

[1]) Ich habe das Beispiel wegen seiner Anschaulichkeit in der 3. Auflage stehen lassen, obwohl seit der Änderung der ZPO. durch das Gesetz vom 22. Mai 1910 der darin behandelte Fall nicht mehr vorkommen kann.

In kleinen Beschlüssen, deren Begründung nur aus einem Satze oder aus zwei Sätzen besteht, läßt sich das „in der Erwägung" sehr häufig durch ein „weil" ersetzen. Man kann manchmal auch hinter dem Satze, der die Entscheidung enthält, einen Punkt machen und die Begründung in direkter Rede anschließen. (Beispiel: „Die Beschwerde des N. N. gegen den Beschluß des Amtsgerichts A. vom . . . wird verworfen. Sie ist zwar in der vom Gesetze vorgeschriebenen Form eingelegt, jedoch ist sie erst am . . . bei dem Beschwerdegericht eingelaufen und sonach verspätet . . . usw".)

§ 10.

Die Anfertigung von Abschriften solcher Schriftstücke, die an andere Behörden oder zu anderen Akten abgegeben werden, ist in allen geeigneten Fällen durch einen kurzen Vermerk in den Akten zu ersetzen.

In allen Angelegenheiten, bei welchen die Anfertigung eines Entwurfs zu den Akten entbehrlich ist, hat urschriftlicher Verkehr unter kurzer Aktenvormerkung, soweit notwendig, stattzufinden (vgl. die Muster Anlage VII a—c).

In Fällen, in welchen einer anderen Behörde oder einer vorgesetzten Stelle von einer erlassenen Verfügung Mitteilung zu machen ist, ohne daß dabei zu einer weiteren Erläuterung Anlaß besteht, kann diese Mitteilung durch Übersendung einer einfachen Abschrift oder eines Abdruckes der Verfügung (ohne Begleitschreiben oder Begleitbericht) erfolgen.

Wenn Akten, Verzeichnisse u. dgl. versendet werden, ohne daß hierbei ein Begleitschreiben mit selbständigem Inhalte erforderlich ist, so ist auf Grund einer zu den Akten zu treffenden Verfügung lediglich ein nach dem Muster Anlage VIII ausgefertigter, mit dem Amtssiegel zu versehender halber Bogen ohne Text und Unterschrift (Begleitbogen) beizufügen.

Über die erfolgte [1]) Versendung ist Vormerkung zu den Akten zu machen.

[1]) Das „erfolgte" ist überflüssig.

Zur Versendung von Schriftstücken sind ausschließlich Umschläge zu verwenden; das noch immer teilweise übliche Verfahren der Zusammenfaltung und Versiegelung eines Schriftstückes hat fortan zu unterbleiben. Die Umschläge sind, soweit möglich, mit Vordruck zu versehen.

1. § 10 gibt Anweisungen darüber, wie die Anfertigung von Abschriften amtlicher Schriftstücke nach Möglichkeit eingeschränkt werden kann. Es entspricht seinen Absichten, daß Reinschriften nur ausnahmsweise versendet werden, wenn es die Rücksicht auf die Vollständigkeit der Akten nötig macht, daß aber für die Regel der urschriftliche Verkehr bevorzugt wird (vgl. hierzu die Vorbemerkungen unter 1). Es lassen sich bei genauer Beachtung der Vorschriften des § 10 eine ganze Reihe von Vereinfachungen des schriftlichen Amtsverkehrs erzielen.

2. Abs. 2 des § 10 empfiehlt unter Verweisung auf die Muster der Anlage VII a bis c den sog. „kurzhändigen" oder urschriftlichen Verkehr. Seine Eigenart besteht, wie schon in den Vorbemerkungen unter 1b hervorgehoben wurde, darin, daß man der Behörde, mit der man in Verkehr tritt, alle Aktenstücke übersendet, ohne ein gesondertes in Reinschrift übertragenes Begleitschreiben beizufügen. Auf das letzte Aktenstück wird die Verfügung gesetzt, mit der die Akten weitergeleitet werden (vgl. die Muster der Anlage VII a bis c). Die Ausführungen, die für die sachliche Erledigung der Angelegenheit erforderlich sind (Mitteilungen, Gutachten, Ersuchen usw.), werden ohne weiteres der sog. „Leitungs-Verfügung" angehängt. Daß die Ausführungen umfangreich werden, steht der Benützung dieser Form nicht entgegen, sie ist auch im Verkehre mit übergeordneten oder im Range höher stehenden Behörden zulässig. Als ein Zeichen mangelnder Höflichkeit kann sie nach den Vorschriften des § 10 nicht mehr aufgefaßt werden.

Werden Akten „kurzhändig" versendet, so empfiehlt es sich, die Zurückbehaltung sog. „Remanentien" auch dann anzuordnen, wenn es nicht durch Geschäftsanweisungen und Registratur-Ordnungen ausdrücklich vorgeschrieben ist. Sie enthalten die Titel der Akten und die Aktenzeichen und lassen ersehen, wohin die Akten geschickt worden sind.

Zulässig und üblich ist es, Akten bei mehreren Behörden durch „kurzhändige Verfügung" in Umlauf zu setzen. Man schreibt dann z. B.:

„V. k. H.[1]) an 1. das Kgl. Amtsgericht A. mit dem Ersuchen um Vernehmung des N. N. darüber, ob er usw.

2. das Kgl. Amtsgericht B. (Vormundschaftsgericht) zur gutachtlichen Äußerung . . .";

oder: „An das Kgl. Amtsgericht N. mit dem Ersuchen dem Z. den wesentlichen Akteninhalt bekannt zu geben und die Akten sodann dem Kgl. Bezirksamte P. zur Kenntnisnahme und Rückleitung zu übersenden".

8. Soll in einer Sache die Tätigkeit mehrerer Behörden in Anspruch genommen werden, so empfiehlt es sich häufig, nicht die Akten in Umlauf zu setzen, sondern zum Zwecke rascherer Geschäftsbehandlung den urschriftlichen Verkehr und den Verkehr mit besonderen Schreiben zu verbinden. Auf diese Weise kann man unter Umständen eine ganze Anzahl von geschäftsleitenden Verfügungen gleichzeitig treffen. Setzen wir folgenden Fall: Der unter Vormundschaft stehende Bäckerssohn Max Huber ist bei seiner Tante Isolde Graunz in Schwabhausen bei Dachau untergebracht. Der Vormund wohnt in Simbach. Vormundschaftsgericht ist das Amtsgericht Freising. Der Vormundschaftsrichter erhält von einem Nachbar der Isolde Graunz ein Schreiben, in dem sie beschuldigt wird, daß sie den Knaben mißhandle und verwahrlose. Der Vormundschaftsrichter wird nun etwa folgende Verfügungen auf die Rückseite des Briefes oder auf ein neues Aktenblatt schreiben:

„I. Schreiben an den Gemeindewaisenrat Schwabhausen.[2])

Ich ersuche, so bald als möglich festzustellen, wie der bei der Händlerin Isolde Graunz in Schwabhausen untergebrachte Bäckerssohn Max Huber von N. erzogen und verpflegt wird usw.

[1]) Der Ausdruck „v. k. H." (von kurzer Hand) — eine Übersetzung von „brevi manu", vgl. „brevi manu traditio" — ist an und für sich entbehrlich, auch kann man Zweifel darüber hegen, ob die Übersetzung sprachlich richtig ist. Es gibt aber Fälle, in denen ein Kennzeichen erforderlich ist, damit nicht der Entwurf einer Reinschrift mit einer „Leitungsverfügung" verwechselt wird. Eine solche Verwechslung ist insbesondere dann denkbar, wenn mehrere verschiedenartige Verfügungen verbunden werden (s. Bem. 3). Der alte hergebrachte Ausdruck ist deshalb nicht zu verwerfen.

[2]) Dieses Schreiben wird in Reinschrift ausgefertigt.

II. Strafregisterauszug für Isolde Graunz erholen.[1])

III. Die Versendung der Akten ist vorzumerken.[2])

IV. G. R. mit den Akten an das Kgl. Amtsgericht Simbach mit dem Ersuchen, dem Vormunde N. N. von dem Inhalte des Briefes vom . . . Kenntnis zu geben und ihn zu befragen . . ."

Hier sei bemerkt, daß es nicht unter allen Umständen zweckmäßig ist die Akten kurzhändig zu versenden. Die Rücksicht auf eine bequeme Erledigung der Geschäfte darf nicht die sachliche Behandlung einer Angelegenheit ungünstig beeinflussen. Sind z. B. in einer Nachlaßsache zwanzig oder dreißig Erben beteiligt, deren Wohnplätze über alle Gebiete des Deutschen Reiches verstreut sind, so ist es gefährlich die Akten bei den Gerichten der sämtlichen Wohnorte umherlaufen zu lassen. Die Tätigkeit des Richters wird durch ein solches Verfahren für einige Monate lahm gelegt, weil er die Akten nicht zur Hand hat und nicht mit Sicherheit weiß, wo sie sich gerade befinden. Kommen dann Beteiligte, die einen Aufschluß begehren, oder gelangt ein neuer Einlauf an ihn, so muß er entweder sein Eingreifen für die nächste Zeit ablehnen oder zunächst durch längeres Herumschreiben sich die Akten wieder zu verschaffen suchen. Es ist für Fälle dieser Art schon im Interesse einer rascheren Förderung der Sache anzuraten, daß entweder alle um Rechtshilfe zu ersuchenden Gerichte durch Schreiben in Reinschrift angegangen werden,[3]) oder daß die gemischte Art des Verkehrs gewählt wird, die wir soeben unter 3 Abs. 1 geschildert haben.

4. Ist aus irgend einem Grunde die Versendung der Akten nicht zweckmäßig, will man aber gleichwohl das Schreiberpersonal nicht mit der Herstellung von Abschriften belasten, so kann eine Form des schriftlichen Verkehrs gute Dienste tun, die im § 10 zwar nicht ausdrücklich erwähnt aber unzweifelhaft zulässig ist. Es wird nicht ein Entwurf der hinausgehenden Schreiben zu den Akten angefertigt, sondern diese werden vom Richter (oder bei Verwaltungsbehörden vom Referenten) selbst hergestellt. Über den Vorgang wird eine kurze Aktennotiz aufgenommen. So könnte z. B. der Richter in dem unter Anm. 3 geschilderten Beispiele das Schreiben

---

[1]) Das hierzu erforderliche Schreiben wird — unter Benützung eines Formulars — von der Kanzlei oder vom Schreibgehilfen hergestellt.

[2]) Vgl. oben Anm. 2 Abs. 2.

[3]) Vgl. § 11 Abs. 7 (autographische Abdrucke für gleichlautende Schreiben).

an den Gemeindewaisenrat Schwabhausen sofort eigenhändig ausfertigen und unter I nur vermerken: „Der Gemeindewaisenrat Schwabhausen wurde um Ermittelungen ersucht“ (vgl. die Vorbemerkungen unter 1 c). Ist der Inhalt des Schreibens sehr einfach oder handelt es sich um ein häufig wiederkehrendes Ersuchen, für das ein Formular zur Verfügung steht, so wird die Ausfertigung von der Gerichtsschreiberei oder der Kanzlei auf Grund einer kurzen schriftlichen Anordnung hergestellt. In solcher Weise wird man z. B. Auszüge aus dem Strafregister und den standesamtlichen Registern, Zeugnisse, Akten anderer Behörden u. dgl. erholen. In gleicher Weise wird man bei Anfragen nach dem Aufenthalt einer Person verfahren.

Nicht unzulässig ist es einzelne Aktenstücke kurzhändig wegzuschicken, wenn man die Akten selbst nicht aus der Hand geben will oder kann. Doch muß dann der Vorgang besonders genau zu den Akten vorgemerkt werden, damit nicht Unklarheit darüber entsteht, was für Anordnungen getroffen wurden, und damit nicht Aktenstücke verloren werden. Es läuft z. B. ein Antrag ein, der unvollständig begründet oder nicht ganz verständlich ist. Er kann unter Umständen zur Ergänzung und Aufklärung von kurzer Hand zurückgegeben werden. Die Vormerkung zu den Akten wird etwa lauten: „Die Gemeinde-Verwaltung . . . hat in einem Schreiben vom 28. ds. Mts. beantragt . . . Das Schreiben wurde heute zurückgegeben mit dem Auftrag, aufzuklären . . .“

5. Neu eingeführt hat die Bekanntmachung die Versendung von Akten und Aktenstücken ohne Beifügung eines Schreibens oder Berichtes (Abs. 3 und 4). In diesen Fällen ist nicht einmal die Unterschrift irgend eines Beamten auf dem begleitenden Bogen erforderlich, sondern es genügt das Amtssiegel (Muster der Anlage VIII). Die Versendung wird bei der absendenden Behörde durch eine Verfügung zu den zurückbleibenden Akten angeordnet; die im Abs. 5 vorgeschriebene Vormerkung wird unmittelbar unter oder neben diese Verfügung gesetzt. Die Verfügung wird also lauten:

Die am 15. ds. Mts. vom Bezirksamte G. erholten Akten sind zurückzusenden.

P. den 10. April 1907.	Geschehen.
Kgl. Amtsgericht.	11. April 1907.
Unterschrift oder Handzug.	Unterschrift (oder Handzug) des Gerichtsschreibers.

In den Fällen des Abs. 3 (Mitteilung von Verfügungen an andere Stellen) ist es nicht einmal erforderlich, einen Begleitbogen beizugeben; hier setzt man unmittelbar auf die rechte Seite der Abschrift oberhalb des Textes oder auf die freigelassene linke Seite die Adresse und drückt das Amtssiegel bei. Soll z. B. ein Beschluß einer Anzahl von Behörden mitgeteilt werden und bedarf es dazu nach den bestehenden Vorschriften einer besonderen Form (etwa einer Zustellung) nicht, so wird der Richter oder Referent beim Niederschreiben des Beschlusses sofort schriftlich anordnen: „Eine Abschrift an den Staatsanwalt bei dem Landgerichte N. zur Kenntnisnahme." Der Gerichtsschreiber oder ein anderer Kanzleibeamter setzt auf die Abschrift den Vermerk: „An den Herrn Staatsanwalt bei dem Kgl. Landgerichte N. zur Kenntnisnahme", und drückt das Amtssiegel bei; neben der Verfügung bestätigt er mit Datum und Handzug, daß er die Abschrift versendet hat.

Es ist übrigens nicht unstatthaft vielmehr im Interesse der Geschäftsvereinfachung durchaus zu billigen, daß mitunter bei der Versendung von Akten mit Begleitbogen oder von Abschriften mit Siegelausdruck auch kurze Mitteilungen gemacht werden. Es ist keineswegs notwendig, daß unter jeder kurzen Mitteilung der Name eines Beamten steht, oder daß man gar wieder zu der schleppenden und umständlichen Form des Schreibens greift: „Ich beehre mich, unter Zurückgabe der jenseitigen (!) Akten mitzuteilen." . . . Es sind z. B. bei der Behandlung eines Gesuchs um Befreiung vom Ehehindernisse des Ehebruchs Akten des Vormundschaftsrichters erholt worden. Dieser hat vielleicht ein Interesse daran vom Ausgange des Verfahrens Kenntnis zu erhalten. Es steht gar nichts im Wege bei der Rückgabe seiner Akten auf den Begleitbogen oberhalb des Siegels zu schreiben: „Das Gesuch wurde abgewiesen."

In der autographierten Entschließung vom 19. Juli 1905 hat das Staatsministerium der Justiz ausdrücklich auf die Vorschrift des § 10 Abs. 3 aufmerksam gemacht und eine Reihe von Fällen aufgezählt, in denen sie angewendet werden soll. Dabei wurde noch eine weitere Vereinfachung eingeführt. Bei Vorlagen an das Staatsministerium der Justiz können auch die Angabe des Ortes und des Tages der Vorlegung und die „innere Adresse" wegbleiben, wenn die Voraussetzungen des Abs. 3 des § 10 vorliegen. Es genügt der einfache Vermerk „Vorgelegt", dem das Amtssiegel beigedrückt wird. Ebenso können die Justizverwaltungs-

Stellen bei der Zurückgabe von Vorlagen verfahren, indem sie den Vermerk „Zurückgegeben“ anwenden. Es ist wünschenswert, daß von diesen weitgehenden Erleichterungen auch im schriftlichen Verkehr zwischen gleichgeordneten Behörden Gebrauch gemacht wird. Dadurch kann u. a. bei der Erledigung von Rechtshilfesachen manche unnötige Schreiberei erspart werden. Der Spruch: „In Erledigung des Ersuchens vom 28. vor. Mts. ergebenst an das Kgl. Amtsgericht N. zurückgesendet“, kann samt Datum und Unterschrift wegfallen. Die ersuchende Behörde hat an diesen Dingen kein Interesse, für sie ist nur von Belang, was sachlich zur Erledigung des Ersuchens geschehen ist. Das gleiche gilt selbstverständlich bei der so außerordentlich häufigen Zurückgabe von Akten.

§ 11.

Die amtliche Schreibweise soll knapp und klar sein und sich dem allgemeinen Sprachgebrauche anschließen.[1])

Entbehrliche Fremdwörter sind zu vermeiden.

Auch bei der Abfassung von Entwürfen ist stets zu beachten, daß eine deutliche Schrift das Lesen der Akten wesent-

[1]) Aus der reichen Literatur über Amtsdeutsch u. dgl. seien angeführt: Schrader, Der Bilderschmuck der deutschen Sprache (6. Auflage 1901); Wunderlich, Der deutsche Satzbau (1901); Vogel, Ausführliches grammatisch orthographisches Nachschlagebuch der deutschen Sprache (1909); Grunow, Grammatisches Nachschlagebuch (1906); Schiller, Handbuch der deutschen Sprache, (2. Auflage, 1904/05); Schleßing, Deutscher Wortschatz oder der passende Ausdruck (4. Auflage 1907); Hetzel, Wie der Deutsche spricht (1896); Andresen, Sprachgebrauch und Sprachrichtigkeiten (9. Auflage 1903); Bernaleken, Deutsche Sprachrichtigkeiten und Spracherkenntnisse; Heintze, Gut Deutsch (12. Auflage 1905); Keller, Deutscher Antibarbarus (1886); Wustmann, Allerhand Sprachdummheiten (4. Auflage 1908); Minor, Allerhand Sprachgrobheiten (1892); Wülfing, Was mancher nicht weiß; Sprachliche Plaudereien (1905); Schröder, Vom papierenen Stil (7. Auflage 1908); Rothe, Über den Kanzleistil (12. Auflage, 1902); Bruns, Die Amtssprache (8. Auflage, 1910); Bruns, Gutes Amtsdeutsch (2. Auflage, 1893); Günther, Recht und Sprache (1898). Vortreffliche Bemerkungen enthält auch die kleine Schrift des Generalleutnants W. v. Unger: „Vom militärischen Stil“ (2. Auflage 1910). Ich empfehle ferner eine soeben erschienene Schrift von W. Gensel: „Unsere Juristensprache. Unsere neue Gesetzessprache“ Leipzig 1911.

lich erleichtert und beschleunigt und hierdurch ein wirksames Mittel zur Geschäftsvereinfachung bildet.

Alle Unterschriften müssen gut leserlich sein.

Gebräuchliche und leicht verständliche Abkürzungen sind auch in allen Reinschriften zulässig.

Für häufig wiederkehrende Fälle sind in möglichster Ausdehnung zu Entwürfen, Ur- und Reinschriften Formulare zu verwenden.

Von mechanischen Hilfsmitteln, wie Autographie-Pressen, Hektographen (für Schreiben von vorübergehender Bedeutung), Schreibmaschinen und Buchdruck, ist nach Maßgabe der verfügbaren Mittel möglichst weitgehender Gebrauch zu machen.

Die Benützung von Postkarten für kurze Mitteilungen ist im Verkehr mit Behörden und Privaten zulässig, soweit eine unverschlossene Mitteilung in dieser Form unbedenklich erscheint.

1. Die Weisungen, die der § 11 in Abs. 1 und 2 gegeben hat, werden am wenigsten beachtet, obwohl sie eigentlich selbstverständlich sind. Sie verlangen nichts anderes, als daß wieder eine *natürliche* Schreibweise ihren Einzug in die amtlichen Schriftstücke halten soll. Aber die althergebrachten Floskeln, die eine Generation von der anderen übernommen hat, lassen sich nicht von heute auf morgen ausrotten. Der Anfänger, der noch einen Rest von Sprachgefühl vom Gymnasium her mitbringt, den er durch die Universitätsjahre gerettet hat, liest sie zunächst mit Staunen und Widerwillen in den Akten. Allmählich aber gewöhnt er sich an sie: es ist so bequem nach dem „Schimmel" zu arbeiten. Und bei den Vorgesetzten macht er sich vielleicht nicht beliebt, wenn er mit „Neuerungen" kommt. Der Mahner wird als unbequemer Störenfried abgewiesen. „Was wir erlernt mit Not und Müh, dabei laßt uns in Ruh' verschnaufen, hier renn' er uns nichts über'n Haufen", sagt der Bureaukrat und das Beharrungs-Vermögen behält den Sieg.

Wir wollen hier den Kampf wieder aufnehmen, in dem schon Größere vergeblich ihre Kraft verbraucht haben. Vielleicht rütteln die fortgesetzten Mahnrufe doch den einen oder anderen Schläfer auf. Doch wollen wir dem Kampfplatz enge Grenzen ziehen.

Den Bestrebungen der „Sprachreiniger“ setzt der Jurist gerne Einwendungen entgegen, die auf den ersten Blick etwas Bestechendes haben; ein Chorus bequemer Herren spendet sofort jedem Bedenken Beifall, und freut sich, daß er sich mit seiner Angst vor jeder Änderung hinter billigen Ausflüchten verschanzen kann. Man sagt: Feste Sprachregeln gibt es nicht; die Gewohnheit regiert und der kluge Mann geht mit der Menge. Die schulmeisterlichen Pedanten, die am Ausdruck herumnörgeln, sind oft unter sich selbst uneins; sie können uns kein Rezept, kein Nachschlagebuch geben, mit dessen Hilfe wir richtig und falsch mit unbedingter Sicherheit unterscheiden könnten. Die Sprache entwickelt sich wie ein lebendes Wesen von innen heraus und vor den vollendeten Tatsachen wird schließlich jede Theorie zu schanden.

Ganz recht: die Sprachwissenschaft liefert für den Sprachgebrauch keine exakten Ergebnisse. Aber es klingt eigentümlich, wenn sich die Juristen auf diesen Satz berufen. Gerade in der Rechtslehre wimmelt es von Streitfragen; ihre allgemein anerkannten Sätze kann man an den Fingern herzählen. Wie jede Wissenschaft, die mit Begriffen arbeitet, gelangt sie nur zu Näherungswerten. Und doch verzichten wir nicht darauf in sie einzudringen, sie anzuwenden, sie zu fördern und zu vertiefen. Billigkeitsgefühl, Logik, Analogie und geschichtliche Forschung sind unsere Wegweiser. Wer durch die vielverschlungenen Pfade des Rechts hindurchgegangen ist, darf auch den Zaubergarten der Sprache betreten ohne die Furcht, daß er keinen Ausweg mehr finden werde. Die alten Wegweiser wird er auch dort antreffen, nur wird ihm der gute Geschmack an Stelle des Billigkeitsgefühls zur Seite treten; die beiden sind Geschwister, Kinder jener geheimnisvollen Fähigkeit, die wir intuitives Erkennen heißen.

Wir brauchen uns also nicht einem hoffnungslosen Pessimismus hinzugeben, weil wir den Rätseln der Sprache mit abstrakten Regeln allein nicht beikommen können. Auch ihre Wandelungsfähigkeit wird uns nicht zurückscheuchen. Die Bequemen beobachten ja ganz richtig: die Sprache befindet sich in stetem Flusse, in fortwährender Umbildung; als ein lebendiger Organismus stößt sie unausgesetzt Bestandteile aus, nimmt neue auf, verarbeitet sie und wandelt sie um. Deshalb bedarf, was gang und gäbe ist, an sich keiner logischen Rechtfertigung. Hat ein Ausdruck, eine Wendung Brauchbarkeit und Lebenskraft bewiesen, so kümmert es uns wenig, ob es bei der Entstehung ganz gesetzmäßig hergegangen ist.[1] Und freilich ist es auch oft gekommen, daß die Gewohnheit etwas heiligte, was ursprünglich falsch und unsinnig war, so daß der Widerstand schlechterdings keinen Erfolg mehr verspricht.[2] Auch die Sprache kennt die Verjährung und die Ersitzung. Daraus folgt aber nicht, daß alles Übliche zweckmäßig ist oder daß jede vollendete Umbildung einen Fortschritt gebracht hat; hoffnungsvolle Schößlinge und krankhafte Auswüchse entwickeln sich oft genug dicht nebeneinander. Der Mensch aber ist eben dafür verantwortlich, ob das Gute oder das Schlechte die Herrschaft gewinnt. Wir tadeln den, der aus Trägheit ruhig zusieht, wie auf seinem Acker das Unkraut üppig emporwuchert. Wir werden ihn nicht mit der Ausrede hören, daß auch die Dornen und Disteln Erzeugnisse der Natur seien. Sollte das Urteil anders ausfallen, wenn jemand das kostbare Erbgut der Muttersprache verwahrlosen läßt, weil gegen die fortschreitende Verwilderung doch nichts zu machen sei? Gewiß nicht! Wir können zwar nicht jedem zumuten, daß er gegen den Strom schwimmt, aber wir verlangen vom denkenden Menschen, daß er in Reih und Glied tritt, wenn es gilt zu retten, was noch zu retten ist, wenn bedrohte Posten zu halten, Dämme gegen den Einbruch von Gedankenlosigkeit und Geschmacksverirrung zu errichten sind.

Soll sich freilich der Kampf nicht in eine Reihe nutzloser Einzelgefechte auflösen, so muß ihn ein leitender Gedanke regeln. Ist der einmal gefunden und ist die Aufmerksamkeit auf ihn ein-

[1]) Ich verweise auf die treffende Bemerkung Lessings über das Wort „zerstreut" (Hamburgische Dramaturgie, 28. Stück): „Noch Schlegel übersetzte Distrait durch Träumer. Zerstreut sein, ein Zerstreuter ist lediglich nach der Analogie des Französischen gemacht. Wir wollen nicht untersuchen, wer das Recht hat, diese Worte zu machen; sondern wir wollen sie brauchen, nachdem sie einmal gemacht sind. Man versteht sie nunmehr, und das ist genug." Lessing würde also wohl auch das allgemein verständliche Wort „Vorstrafe" gebilligt haben, das Wustmann m. E. mit Unrecht bekämpft.

[2]) So ist z. B. der in unseren Gesetzen jetzt übliche Ausdruck „Zubehör" im Grunde genommen falsch — ein übler Provinzialismus. Eine Sache gehört — nicht behört — zu einer anderen. Das bayerische HypG. sprach richtiger von „Zugehörung" (vgl. § 3 Abs. 1). Aber das „Zubehör" ist uns nun einmal durch jahrelangen Gebrauch so geläufig geworden, daß wir die Eigentümlichkeit der Bildung gar nicht mehr empfinden. Solange sich der Gesetzgeber nicht entschließt einen anderen terminus technicus einzuführen, wird man es uns nicht verargen können, wenn wir über den Fehler hinwegsehen. Eine andere Frage ist es, ob der Gesetzgeber nicht hätte aufmerksamer sein sollen.

gestellt, so macht es wenig aus, ob im einzelnen Falle jeder das Rechte trifft, die kleinen Meinungsverschiedenheiten und Streitfragen werden dann die Einigkeit unter den Beschützern der Sprache nicht stören und ihren Mut nicht mindern. Es wird auch nicht allzu schwer sein herauszufinden, was der Sprache nottut. Ihr feingegliederter Organismus, in dem das geistige Leben unseres Volkes in die äußere Erscheinung tritt, soll in Kraft und Schönheit dastehen und reiches, freudiges Leben soll sich in ihm entfalten. Der Sprache frommt, was sie beweglicher, einfacher, anschaulicher macht, langweilige Schwerfälligkeit, schwülstige Auswüchse, abgeblaßte Abstraktion sind ihr Verderben. Man darf vielleicht sagen, daß ähnliche Gesundheitsregeln für sie gelten, wie für den menschlichen Körper: sie verlangt die Zufuhr gesunder neuer Säfte und verträgt es nicht, daß man sie austrocknen, abmagern oder auch zu unförmlicher Beleibtheit aufschwellen läßt. Mit diesen wenigen von selbst einleuchtenden Grundsätzen können wir allezeit auskommen, sie werden uns auch wieder begegnen, wenn wir jetzt dem häßlichen Gespenste zu Leibe rücken, das man Juristen- und Amtssprache nennt.

a) Primum distinguere! Dieser alter Rechtssatz darf wohl auch bei unserem Versuch einer Diätetik der Sprache an die Spitze gestellt werden. Die Sprache kennt sinnvolle Unterschiede, sichtbare Zeichen der unsichtbaren, unbewußten Arbeit des Volksgeistes. Der Aktenjurist, der das Unterscheidungsvermögen theoretisch so hoch preist, verwischt sie mit roher Gleichgültigkeit, seine Geschäftslast gestattet ihm nicht, sich um solche Kleinigkeiten zu kümmern. Wäre er nur in solchen Dingen so pedantisch wie dann, wenn er den Anforderungen des Lebens zuwider am Wortlaut eines Paragraphen klebt! Dann würde es nicht vorkommen, daß er die Endungen auf „ig" und die auf „lich" [1]) durcheinanderwirft, „anscheinend" und „scheinbar" [2]) verwechselt, „begutachten" sagt, wo er „befürworten" meint, [3]) die „Grundbuchanlage" an die Stelle der

[1]) „ig" = Zeitdauer, „lich" = Wiederholung; deshalb: die „dreijährige (dreiwöchige)" Gefängnisstrafe, dagegen die „jährlichen (wöchentlichen)" Teilzahlungen.

[2]) Vgl. dazu die treffliche Mitteilung des Allgemeinen deutschen Sprachvereins im Jahrg. 1908 der Zeitschrift f. Rechtspfl. in Bayern S. 444.

[3]) „Begutachten" heißt „ein Gutachten über etwas abgeben", sagt aber nichts über den Inhalt des Gutachtens aus. Es ist also

„Grundbuchanlegung" treten läßt[1]) usw. Er würde auch genau scheiden zwischen losen und festen Zusammensetzungen beim Zeitwort.[2]) Der einzelne Verstoß mag unbedeutend sein, aber die fortgesetzte Wiederholung führt allmählich zum Verlust wertvollen Besitzes.

b) Heillos entleert und zahlreicher Feinheiten entkleidet wird die Sprache auch durch den Gebrauch gewisser wässeriger Ausdrücke, an denen die Zeitungs- und Kanzleimenschen so großes Wohlgefallen gefunden haben, daß sie von ihnen bei jeder passenden und unpassenden Gelegenheit Gebrauch machen. Solche Ausdrücke gleichen abgegriffenem Gelde, dessen Prägung verwischt ist. Man kann ihren wirklichen Wert nicht mehr erkennen und deshalb werden sie an Stelle guter und echter Wörter untergeschoben. Hierher gehört z. B. das schon von Wustmann mit Recht bekämpfte „bedingen". Man gebraucht es im Sinne von „hervorrufen", „verursachen", „herbeiführen", aber auch als Ersatz für „voraussetzen", „erfordern". Man sagt z. B. „Dieser Vorfall bedingte (verursachte) die Ansammlung einer großen Menschenmenge", aber anderseits auch die „Verwirklichung dieser Ziele bedingt einen großen Aufwand" (statt „setzt einen großen Aufwand voraus").[3])

---

ganz verkehrt zu schreiben: „Ich begutachte zwar nicht den Erlaß der Strafe, wohl aber die Bewilligung einer Bewährungsfrist." Hier muß es heißen: „Ich empfehle (befürworte)".

[1]) Die Wörter auf „ung" bezeichnen eine Tätigkeit, die kurzen vom Zeitwort gebildeten Hauptwörter einen Gegenstand oder einen Inbegriff von Gegenständen. Die „Grundbuchanlagen" sind also Beilagen des Grundbuchs, die „Grundbuchanlegung" ist die Tätigkeit des Anlegungsbeamten. Ebenso ist die „Vorlage" die Gesamtheit der vorgelegten Schriftstücke, die „Vorlegung" ist der Vorgang, durch den sie „hinauf" gelangen. Man spricht von der „Beilegung" eines Rechtsstreits aber von der „Beilage" eines Gesuchs.

[2]) Wo die sinnfällige Bedeutung der Präposition noch lebendig ist, ist die lose Zusammensetzung geboten, wo sie nicht mehr oder überhaupt nicht empfunden wird, ist die feste Verbindung berechtigt. „Als das Pferd gestürzt war, breitete der Schutzmann eine Decke unter, der Tierschutzverein dagegen unterbreitete dem Minister des Innern eine Denkschrift über die Schädlichkeit des Asphaltpflasters". „Der Minister überging den Landgerichtsrat Schreibhart wegen seines schlechten Deutsch; hierauf ging Schreibhart in das Lager der Sprachreiniger über." (Vgl. dazu die lehrreichen Ausführungen über „Obliegen und Anerkennen" in der BayZfR. 1907 S. 156).

[3]) Das erstemal geht der Gedanke von der Ursache zur Wirkung, das zweitemal von der Wirkung zur Ursache.

Ein häßlicher Wechselbalg ist auch „erübrigen". Einmal liest man: „Es erübrigt sich hiernach, auf die Frage „einzugehen", ob .... damit ist gemeint: „es ist überflüssig usw.". Ein andermal bedeutet es das Gegenteil: „Es erübrigt jetzt noch, die Frage zu behandeln, ob ...", das soll heißen: „Jetzt ist es noch nötig, die Frage zu behandeln, ob" ... Ein ähnliches charakterloses Wort ist „betätigen". Man betätigt „eine strafbare Handlung", „eine Verteidigung", „eine vertragliche (!) Abmachung", „eine Auseinandersetzung". Ebenso verhält es sich mit „erstellen": der Badeofen, die Bilanz, das Gerüst, der Bericht, das Gutachten — sie werden alle erstellt.[1]) Die deutsche Sprache ist nicht so arm, daß sie so erbärmlicher Lückenbüßer bedürfte, sie hat eine ganze Reihe weit anschaulicherer Zeitwörter, die es nicht verdienen, daß man sie achtlos zur Seite schiebt. Die strafbare Handlung wird „begangen", die Verteidigung „geführt", der Vertrag „geschlossen", die Auseinandersetzung „vollzogen". Man „setzt" den Badeofen, „zieht" die Bilanz, „errichtet" ein Gerüst, „erstattet" Berichte und „gibt" Gutachten „ab".[2])

---

[1]) Ein wunderlicher Ableger von „erstellen" ist „verstellen"; er ist leider beim Reichsgerichte sehr beliebt. „Die Revision verstellt zur Nachprüfung." „Verstellen" bedeutet „etwas an einen Platz stellen, an den es nicht gehört". Man kann also wohl sagen „das Reichsgericht verstellt häufig in sprachwidriger Weise die Satzglieder", aber nicht „die Revision verstellt zur Nachprüfung". Es muß heißen: „Die Revision beantragt zu prüfen, ob".

Von dem verwandten „verstatten" will ich gar nicht reden. Wer schreibt „das Oberlandesgericht hat den Beklagten zum Eide darüber verstattet, daß", dem ist nicht mehr zu helfen.

[2]) Bei dieser Gelegenheit sei auch das farblose „demnächst" erwähnt, ein Lieblingswort der norddeutschen Amtssprache, das durch Gesetze, amtliche (insbesondere militärische) Erlasse und durch Reichsgerichtsentscheidungen auch nach Süddeutschland eingeführt wird und eine ganze Reihe bezeichnenderer Wörter zu verdrängen sucht. Es tritt an die Stelle von „später", sodann", „hierauf", „nach kurzer Zeit", „daraufhin", „sofort" usw. Z. B. „Die Auflassung fand am 15. September 1909 vor dem Notar N. in A. statt; demnächst (= wenige Tage später) wurde B. als Eigentümer in das Grudbuch eingetragen"; „B. verweigerte die Zahlung; demnächst (- daraufhin) erhob A. Klage"; „M. hatte die Forderung am 15. September von G. erworben und sie demnächst an Z. abgetreten" (hier kann das „demnächst" je nach der Lage des Falles soviel heißen wie „sofort" oder „nach wenigen Tagen" oder „nach einiger Zeit" oder auch nur einfach die Folge der Ereignisse ohne Rücksicht auf die Länge der Zwischenzeit bezeichnen).

In der Regel begeht man ohne Bewußtsein Sprachfälschungen, indem man die alten landläufigen Ausdrücke durch einfältige Modewörter ersetzt. Man schreibt nach, was man hundertmal und öfter gelesen hat. Es gibt aber auch Leute, die sich wunder wie geistreich dünken, wenn sie ihre Gedanken in einer recht verdrehten und gespreizten Form daherbringen. Zu Nutz und Frommen solcher Naturen sei eine Stelle aus „Hamlet" hierher gesetzt, in der Shakespeare sie der Lächerlichkeit preisgibt.[1]) Osrik hat berichtet, daß der König mit Laertes gewettet und sechs Berberrosse gegen sechs französische Degen und Dolche mit Zubehör „als Gürtel, Gehänge und so fort" gesetzt hat. Er fährt fort:

Osrik. Drei von den Gestellen sind in Wahrheit sehr kostbar für die Phantasie, sehr entsprechend den Gefäßen, höchst zierliche Gestelle und von sehr sinnreicher Erfindung.

Hamlet. Was nennt ihr die Gestelle?

Osrik. Die Gestelle sind die Gehänge.

Hamlet. Der Ausdruck wäre der Sache angemessener, wenn wir eine Kanone zur Seite tragen könnten; ich wünsche, wir ließen sie bis dahin Gehänge sein. — — —

c) Der Abs. 2 des § 11 verbietet den Gebrauch entbehrlicher Fremdwörter; er will damit nicht die Sprachreinigungswut fördern, sondern nur zur Aufmerksamkeit anspornen. Der Jurist gewöhnt sich auf der Universität sehr leicht an die unmäßige Verwendung der Fremdwörter, weil manche Professoren den wissenschaftlichen Anstrich ihrer Bücher und Vorlesungen dadurch zu erhöhen suchen, daß sie zahlreiche lateinische und griechische Ausdrücke einstreuen.[2]) Auch sind die Wirkungen der übermächtigen Vorherrschaft des römischen Rechtes noch nicht ganz verschwunden. Die Gesetzgebung hat mit dem Fremdwörter-Wust in der neueren Zeit gründlich aufgeräumt, insbesondere hat das BGB. die im Pandektenrecht üblichen Bezeichnungen im großen und ganzen gut

---

[1]) 5. Akt, 2. Szene.

[2]) Ich verweise auf das geradezu klassische Beispiel im Lehrbuch des Strafprozesses von Ullmann S. 97. „Indem nun die publizistische Betrachtung des Mediums der staatlichen Hoheitsrechte zu einer Differenzierung der ideellen und physischen Subjekte der Amtsgewalt gelangt, ergibt sich für die Frage nach dem Organ der Ausübung der Hoheitsrechte mit Notwendigkeit eine juristische und praktisch bedeutsame Unterscheidung des publizistischen und physischen Organs: der Behörde und des Beamtenpersonals". Einem einfachen Gedanken ist hier künstlich der Anschein eines besonderen Tiefsinns verliehen.

verdeutscht. Die Behörden dürfen nicht diesem Fortschritte dadurch entgegenarbeiten, daß sie die vom Gesetze über Bord geworfenen altertümlichen Ausdrücke wieder hervorsuchen. Es ist nicht mehr zeitgemäß, von einer „Obligation" statt von einem „Schuldverhältnisse", von „Alimenten" statt von „Unterhalt" zu reden, den Erblasser als den „Defunkten" zu bezeichnen, „Servituten" an Stelle von „Grunddienstbarkeiten" zu bestellen, die „Annahme an Kindesstatt" „Adoption" zu nennen usw.

Überhaupt ist es ratsam sich nach Möglichkeit an den Sprachgebrauch des Gesetzes zu halten. Urteile und Dienstschreiben, in denen veraltete Bezeichnungen vorkommen, die aus aufgehobenen Gesetzen stammen, machen einen ungünstigen Eindruck: sie ziehen dem Verfasser den Vorwurf der Nachlässigkeit zu. Es ist wichtig, daß sich auch das Publikum mit der Sprache des Gesetzes und seinen Begriffsbestimmungen einigermaßen vertraut macht. Das ist aber nur denkbar, wenn die Einheitlichkeit der Schreibweise von den Behörden gewahrt wird, und hiergegen wird sehr häufig gefehlt. Man schreibt nicht selten noch „das Kuratelgericht" oder die „obervormundschaftliche" oder „kuratelamtliche Genehmigung", während das Gesetz doch nur ein „Vormundschaftsgericht" und eine „vormundschaftsgerichtliche Genehmigung" kennt. Der „Ersteher" in der Zwangsversteigerung wird häufig auch da noch „Ansteigerer" genannt, wo schon das ZwVG. in Kraft getreten ist.[1]) Auch die „Verlassenschaft" und die „Großjährigkeit" sind noch nicht ganz verschwunden. Die Erbschaft, die heutzutage nur noch „angenommen" werden kann, wird noch manchmal „angetreten".

Zuweilen führt die Nachlässigkeit im Gebrauche der technischen Ausdrücke des Gesetzes geradezu zur Verwirrung der Begriffe oder doch zu einer höchst bedenklichen Abschwächung des Unterscheidungsvermögens. Streng genommen einen Unsinn enthält z. B. der Satz: „Das Testament wurde von den gesetzlichen Erben mit der Begründung angefochten, daß es der gesetzlichen Form entbehre". Ein solcher Satz mag dem Zeitungsschreiber hingehen, der den Unterschied zwischen Nichtigkeit und Anfechtbarkeit nicht kennt, der Jurist darf sich ein solches Durcheinanderwerfen nicht zu Schulden kommen lassen.

---

[1]) Die preußischen Gerichte haben sich noch nicht alle dazu bequemt, den gräßlichen Ausdruck „Kaufgelderbelegungstermin" zu tilgen, obwohl doch das ZwVG. im „Verteilungstermine" einen ganz guten Ersatz geschaffen hat.

d) Die deutsche Sprache ist beweglich und entwickelungsfähig; man kann sie leicht durch Ableitungen und Zusammensetzungen fortbilden. Das Recht hierzu soll sich auch der Jurist nicht verkümmern lassen, zumal er oft gewisser technischer Bezeichnungen bedarf, deren Beseitigung weitläufige Umschreibungen notwendig machen würde. Gerade er muß aber peinliche Vorsicht beobachten, wenn er die Sprache bereichern will, sonst wird bei seinen Versuchen nichts Brauchbares herauskommen. Man darf z. B. nicht Wörter prägen wie „übig", „befriedigbar", „Auffallenheiten", „vorschußlich"[1], „Ungrund"[2], „Versteiglasser", „schlechthinig", „nachdrucksamst", „Nichtwiederrückfälligkeitsvorsatz", „fehlsam"[3], „einläßlich",[4] „schulisch", „das Eingelenke"[5] u. dgl. Beim Einführen neuer Wendungen muß man vor allem die Gesetze der Logik im Auge behalten. Wenn z. B. eine Nase in recht höflicher Form erteilt werden soll, so soll man sich nicht, wie es leider auch höhere Stellen tun, zu der Redensart versteigen: „Dem N. N. wollen Sie nicht unverhohlen (unverhalten) lassen, daß seine Sachbehandlung mißbilligt wird". Gemeint ist, daß dem N. N. die Mißbilligung nicht verhehlt werden soll. Man setzt aber eine Negation zuviel und sagt also gerade das Gegenteil von dem, was man auszudrücken beabsichtigt. Ähnlich verhält es sich mit einer Wendung, die sogar in eine gesetzliche Vorschrift übergegangen ist, nämlich in den § 713 Abs. 2 der ZPO.[6]: „Dem Beklagten wird nachgelassen, die Vollstreckung durch die Leistung einer Sicherheit abzuwenden". Das soll heißen: „Der Beklagte kann die Vollstreckung abwenden, indem er eine Sicherheit leistet". Da aber „nachlassen" so viel bedeutet wie „erlassen" und nicht etwa mit „gestatten" oder „erlauben" gleichen Sinn hat, enthält die Ausdrucksweise des Gesetzes einen derben Schnitzer. Der unbefangene Leser, der in die Geheimnisse der Juristensprache nicht eingeweiht

---

[1]) Die Wörter auf „lich" sind häufig recht fragwürdige Geschöpfe, so z. B. „inhaltlich", „antwortlich", „vorbehaltlich", „unbehelflich", „unbeachtlich", „zusätzlich", „dienstweglich", „ausnahmlich", „ausgablich", „einnahmlich" u. a.

[2]) „Mit Ungrund behauptet N. N." statt „ohne Grund" oder „mit Unrecht".

[3]) Dieses schöne Wort gebraucht das Reichsgericht zuweilen aus Höflichkeit zum Ersatze für das etwas derbere aber gut deutsche „falsch".

[4]) Statt „eingehend".

[5]) Statt „die Einwendung".

[6]) Vgl. auch § 720, § 775 Nr. 3 ZPO.

ist, wird auf den Gedanken kommen, dem Beklagten werde die Sicherheitsleistung „*geschenkt*".

e) Eine der hervorstechendsten Eigentümlichkeiten des Amtsstiles ist die Neigung, unzweideutige und einfache Ausdrücke durch gespreizte Umschreibungen zu ersetzen und so der Sprache die Wucht und die Kraft zu entziehen. Sie entspringt entweder aus der Freude an leerem Bombast oder aus der übertriebenen Vorsicht, die nichts mit klaren Worten sagen will, nicht als schwarz oder weiß zu bezeichnen wagt, was doch schwarz oder weiß ist. Deshalb gibt es für die Zopfträger z. B. kein „Ist" mehr. Der Angeklagte ist nicht überführt, er ist „*als überführt anzusehen*" oder „*für überführt zu erachten*". Die Einwendung ist nicht unbegründet, sondern sie „*stellt sich als unbegründet dar*", sie „*erweist sich als unbegründet*" oder gar „*als eine unbegründete*", oder sie „*erscheint*[1] *unbegründet*"; die Vorschriften des Gesetzes *sind* nicht maßgebend, sondern sie „*kommen als maßgebend in Betracht*". Auf die gleiche Weise entstehen Sätze wie: „Diese Annahme des Erstrichters kann als eine zu billigende nicht erachtet werden" statt „diese Annahme wird nicht gebilligt (kann nicht gebilligt werden)"; oder „diesen Vorschlag können wir als einen, von dessen Ausführung man sich Erfolg versprechen kann, nicht betrachten" statt „von der Ausführung dieses Vorschlags kann man sich keinen Erfolg versprechen"; oder „dieser Auffassung, die sich als von einer unrichtigen Auslegung des § 2229 BGB. ausgehend erweist, hat das Berufungsgericht nicht beitreten zu können geglaubt", statt „dieser Auffassung konnte das Gericht nicht beitreten: sie geht von einer unrichtigen Auslegung des § 2229 BGB. aus".

Nicht minder häßliche die Sprache verunzierende Auswüchse entstehen, wenn die prädikativen Eigenschaftswörter nicht mehr für

[1]) Der Gebrauch von „erscheinen" statt „sein" nimmt einen immer größeren Umfang an; das Verbum „sein" wird ganz verdrängt werden, wenn diese Entwicklung fortschreitet. Dabei wird das „erscheint" oft noch in grammatikalisch falscher Weise angewendet, nämlich nicht in dem Sinne von „tritt auf", „zeigt sich", sondern in der Absicht, eine Ausführung als subjektive Auffassung hinzustellen oder die Möglichkeit eines Zweifels anzudeuten. Man sagt z. B.: „Diese Darlegung erscheint verfehlt" und will damit ausdrücken, daß sie der Schreibende für verfehlt *hält*. Es liegt hier wohl ein Durcheinanderwerfen von „erscheinen" und „scheinen" vor. (Auch im Abs. 8 des § 11 ist leider ein solcher Fehler unterlaufen.)

sich allein gesetzt, sondern mit dem unbestimmten Artikel versehen werden: eine Gewohnheit, die sich nur aus völliger Gedankenlosigkeit des Schreibenden erklären läßt, der dadurch die Sprache verwässert und mehr schreiben muß, wie wenn er den natürlichen Ausdruck beibehalten würde. „Sein Vorleben war ein wenig einwandfreies“; „sein Leumund ist ein sehr getrübter“; diese „Einwendung ist eine durchaus unbegründete“, „die Zahl der Teilnehmer war eine sehr hohe“.

Aus der Scheu vor dem Einfachen sind auch die unseligen Umschreibungen guter deutscher Zeitwörter zu erklären; wenn dieser Verwüstung der Sprache nicht Einhalt geboten wird, werden wir bald nur noch wenige Zeitwörter haben, etwa „bringen“, „kommen“, „stellen“. Auch hier macht man wieder die Wahrnehmung, daß der Aktenmensch lieber mehr schreibt, als daß er spricht, wie ihm der Schnabel gewachsen ist. Er kann nicht „vorlegen“, sondern nur „in Vorlage bringen“, nicht „anrechnen“, sondern nur „in Rechnung stellen“, nicht „sichern“, sondern nur „sicher stellen“, nicht „vollenden“, sondern nur „fertig stellen“; er „führt nicht aus“, sondern „bringt zur Ausführung“, er „trägt“ seinem Chef nicht „vor“, sondern „bringt ihm zum Vortrag“, er „beseitigt“ nicht die Rückstände, sondern „bringt sie zur Beseitigung“ oder „läßt sie zur Beseitigung gelangen“, seine Termine „fallen“ nicht „weg“, sondern „kommen zum Wegfall“ oder „gelangen zum Wegfall“, wenn er sie nicht etwa gar selbst in „Wegfall stellt“ oder „in Fortfall stellt“. Auch der Satz, daß „nichts gemeiner ist denn Sterben“, gilt für ihn nicht: er „geht“ würdevoll „mit Tod ab“.[1])

[1]) Das berühmte „derselbe“, über das schon so viel geschrieben worden ist, hat auch seine Bedeutung nur dadurch erlangt, daß man sich der einfacheren Wörter „er“ und „sein“ nicht mehr erinnert. Besonders schön wirkt es, wenn es zugleich mit der sog. „Inversion“ nach und angewendet wird. „Der Zeuge wurde am 25. Mai vernommen und sagte derselbe folgendes aus“; statt „der Zeuge wurde . . . . vernommen; er sagte folgendes aus.“ „N. N. war hiermit nicht einverstanden und erklärte der Bevollmächtigte desselben, daß . . .“; statt „N. N. war nicht einverstanden; sein Bevollmächtigter erklärte, daß . . . .“ Häufig könnte „derselbe“ einfach gestrichen werden. Z. B.: „Der Kläger beantragte in der Verhandlung vom 15. September 1905 . . . . Der Antrag (desselben) wurde jedoch zurückgewiesen“. Im § 12 Abs. 2 der Bekanntmachung sollte es statt „eine Häufung derselben“ heißen „ihre Häufung“ oder noch einfacher „die Häufung“ oder „eine Häufung“.

Daß es im Deutschen Genitiv-Formen gibt, scheint auch in Vergessenheit geraten zu sein. Wo liest man noch: „die Behauptungen des Klägers sind widerlegt“? Vornehmer klingt doch: „die von dem Kläger vorgebrachten Behauptungen sind widerlegt“. Die „Berufung des Beklagten“ wird ersetzt durch „die von dem Beklagten eingelegte Berufung“ oder „die beklagtischerseits (!) eingelegte Berufung“ oder „die beklagtische Berufung“. Man getraut sich nicht mehr, von dem „Anspruche des Klägers zu reden“, es muß heißen „der von dem Kläger mit der Klage geltend gemachte Anspruch“ oder gar „der klagsgegenständige (!) Anspruch“. Sehr schön nimmt sich auch der Ausdruck „das erstinstanzliche Urteil“ aus, den leider sogar das Reichsgericht zuweilen gebraucht. Setzt man dafür „das Urteil der ersten Instanz“, so hat man nur einen Buchstaben mehr zu schreiben, hat aber eine grauenvolle Mißbildung vermieden.

Eigentümliche Verrenkungen der Sprache entstehen mitunter auch durch einen falschen Gebrauch des Passivs. Man liest z. B. „beklagtischerseits wird zugestanden“, statt „der Beklagte gesteht zu“ oder „gläubigerseits wurde auf die Zinsen verzichtet“, statt „der Gläubiger verzichtete auf die Zinsen“ oder gar „schuldnerteils wird sich verpflichtet“, statt „der Schuldner verpflichtet sich“. In Notariatsurkunden liest man häufig: „Der Kaufpreis ist gezahlt und wird (!!) verkäuferseits (verkäuferischerseits) hierüber quittiert“, statt: „Der Kaufpreis ist gezahlt; der Verkäufer bestätigt den Empfang.“ [1])

f) Beim Leser glauben die Meister des Aktenstiles auch nicht den geringsten Grad von Verständnis voraussetzen zu dürfen. Sie fürchten, er könne alles mißverstehen, alles verwechseln und durcheinanderbringen, wenn nicht die größte Vorsicht angewendet wird. Wir haben schon einen Fall besprochen, in dem diese übertriebene Ängstlichkeit zu Sprachfehlern führt: die „eingelegte“ Beschwerde. Die Zahl der Beispiele, in denen mit ähnlichen überflüssigen Beiwörtern gearbeitet wird, ließe sich leicht ins Unendliche vermehren.

[1]) Vermeidet man solche Fehler, so wird das unerträgliche „seitens“ oder „von Seiten“ verschwinden. „Seitens der Verteidigung wurde geltend gemacht, daß der Angeklagte doch nicht um 10 Uhr in B. gewesen sein könne, da er seitens mehrerer Personen noch um ³/₄ 10 Uhr im Wirtshause zu A. gesehen worden sei.“ Richtig: „Der Verteidiger verwies darauf, daß der Angeklagte doch nicht um 10 Uhr in B. gewesen sein könne, da ihn noch um ³/₄ 10 Uhr mehrere Personen im Wirtshause zu A. gesehen hätten.“

„Als Zeuge für diese Behauptung wurde der Kassier Mayer benannt; die stattgefundene (oder stattgehabte) Vernehmung desselben hat jedoch ergeben . . ." Natürlich! Wenn es nur hieße „seine Vernehmung hat ergeben", so könnten dem Leser doch Zweifel darüber aufsteigen, ob die Vernehmung denn wirklich stattgefunden hat und ob der Richter die angeblichen Ergebnisse nicht aus den Fingern gesogen hat. Oder das Amtsgericht R. schreibt an das Amtsgericht P.: „Der Maurer Anton Huber von Hohenstadt wurde am . . . vom Schöffengerichte beim Amtsgerichte P. wegen Körperletzung zu drei Monaten Gefängnis verurteilt. Ich ersuche um Übersendung der diesbezüglichen jenseitigen Akten". Würde es nur heißen: „Ich ersuche um Übersendung der Akten", so wäre mit Sicherheit anzunehmen, daß ganz andere Akten ankommen als die gewünschten. So spricht man denn auch regelmäßig von der „erhobenen Anklage", dem „gestellten Antrag", der „vorgebrachten Behauptung", dem „eingereichten Gesuch", den „angestellten Ermittelungen", den „gepflogenen Erhebungen", dem „ausgesprochenen Wunsch". („Das [eingereichte] Gesuch war daher abzuweisen", „diesem [ausgesprochenen] Wunsche kann nicht stattgegeben werden," „die [gestellte] Frage ist zu verneinen").

Würde man sich daran gewöhnen, schärfer zu prüfen, ob solche und ähnliche Beiwörter notwendig sind, so würde eine ganze Reihe von Ausdrücken verschwinden, die nur dem Papierdeutsch angehören und der lebendigen Sprache fremd sind, so z. B. „fraglich", „einschlägig", „diesbezüglich", „betreffend" [1]), „gegenwärtig" (die „gegenwärtige Beschwerde"), „angezogen", „bezogen" (das „bezogene Aktenstück"), „desfallsig" [2]), „beregt" usw. [3]).

g) Besondere Sorgfalt sollte der Jurist dem Satzbau widmen. Seine Herrschaft über den Stoff, seinen durchdringenden Verstand sollte man schon aus der klaren übersichtlichen Gliederung des Gedankengefüges erkennen. Wie selten aber genügt er dieser Forderung! In der Regel erblickt er die höchste Kunst der Darstellung in dem Bau endloser Sätze, in denen er eine ganze Reihe von Gedanken zusammenpackt. Und leider betrachten die höheren Ge-

[1]) Statt „betreffend" schreibt man jetzt manchmal auch „treffend" (z. B. die „treffenden Akten"). Dieser Ausdruck kommt uns wenig „treffend" vor.

[2]) Vgl. PStGB. Art. 6 Abs. 2.

[3]) Über „diesseitig", „jenseitig" usw. vgl. Bem. 2 d zu § 5, Fußnote 1.

richte dieses Verfahren als ihr besonderes Vorrecht. Je verwickelter der Sachverhalt, je schwieriger die rechtliche Würdigung, desto länger die Perioden. Gerade das Umgekehrte sollte der Fall sein. Ist eine Darlegung schon ihrem Inhalt nach schwer verständlich, so tut der Schreibende gut daran, sie in ihre einzelnen Glieder zu zerlegen und kurze, einfache Sätze zu bilden. Sonst verliert der Leser den Faden und spricht, wenn er am Ende angelangt ist, die Worte des braven Kothner in den „Meistersingern": „Ja, ich verstand gar nichts davon." Man kann sich nicht darauf berufen, daß bei den Klassikern zuweilen längere kunstvolle Satzgebilde vorkommen. Nicht jeder Oberlandesgerichtsrat ist ein Lessing.

Als abschreckendes Beispiel sei die Überschrift eines Urteils des Reichsgerichts aus der Sammlung der Entscheidungen in Zivilsachen (Bd. 63 S. 361) angeführt:

„Kann der Konkursverwalter, der in bezug auf einen Anspruch des Gemeinschuldners, welcher tatsächlich (?) schon vor der Konkurseröffnung zugunsten eines Gläubigers des Gemeinschuldners behufs Befriedigung des ersteren für diesen gepfändet und ihm überwiesen war, um die dem Anspruch entgegenstehende Einrede des nicht erfüllten Vertrags im Interesse der Konkursmasse zu beseitigen, Aufwendungen auf diesen gemacht hat, von dem Gläubiger wenigstens deren Erstattung an die Masse in Höhe der Bereicherung des Gläubigers verlangen[1]?" Die Rücksicht auf das einmal angenommene Schema, das Bestreben den ganzen Tatbestand in einen Fragesatz zu pressen, haben hier eine unverzeihliche Verfehlung gegen den Geist der deutschen Sprache gezeitigt, die den Spott der Witzblätter förmlich herausfordert. Die Fassung hätte übrigens auch dann noch geschickter gestaltet werden können, wenn man die übliche Form der Überschrift um jeden Preis beibehalten wollte. Die schwerfällige Umständlichkeit, die dem Leser eigenes Mitdenken nicht zutraut, und das unerträgliche Einschachteln der Satzglieder hätten sich vermeiden lassen. Der Satz hätte vielleicht lauten können: „Kann der Konkursverwalter von einem Gläubiger des Gemeinschuldners Herausgabe der Bereicherung an die Konkursmasse verlangen, wenn er aus der Masse Aufwendungen gemacht hat, um die einem Anspruche des Gemeinschuldners entgegenstehende

[1]) Ein weiteres, ebenso übles Beispiel aus der Rechtsprechung des Reichsgerichts ist in der Zeitschr. f. Rechtspflege in Bayern (1907 S. 200) angeführt.

Einrede des nicht erfüllten Vertrags zu beseitigen, der Anspruch aber schon vor der Konkurseröffnung für den Gläubiger gepfändet und ihm überwiesen war?" Schön ist auch diese Fassung nicht, aber sie ist immerhin verständlich.

„Wem gehört, wenn eine Frau Arbeiten, zu denen besondere technische Fertigkeiten erforderlich sind, in der Weise verrichtet, daß ihre Arbeiten in dem von ihrem Manne betriebenen Gewerbe verwertet werden, das Erträgnis ihrer Tätigkeit?" So zu lesen in den Entscheidungen des Reichsgerichts in Zivilsachen Bd. 64 S. 323. Man kann nur staunen, wie ein so einfacher Tatbestand in eine so absonderliche Form gekleidet werden konnte. Um noch besser „schachteln" zu können, hat der Verfasser dieses stilistischen Meisterstücks ganz überflüssiger Weise für jeden Nebengedanken einen eigenen Nebensatz gebildet. Warum konnte er nicht schreiben: „Wem gehört das Ergebnis der Tätigkeit einer Frau, die für das Gewerbe ihres Mannes Arbeiten verrichtet, zu denen besondere technische Fertigkeiten erforderlich sind?" Weniger Kunst wäre hier höhere Kunst gewesen.

Nicht immer treten die Folgen ungeschickten Satzbaus so deutlich zu tage. Die Gewohnheit, die Sätze zu zerreißen und die Nebensätze in die Lücken einzuschieben, ist uns so geläufig geworden, daß wir über solche Satzbildungen hinweglesen, ohne sie als auffällig zu empfinden. Sie mag auch hingehen, wenn es sich nur um kurze Sätze handelt und nicht mehr als e i n e Einschiebung vorgenommen wird. Hat man aber einmal die Neigung zum „Schachteln" angenommen, so ist es sehr schwer sie wieder abzulegen, und man wird ihr unwillkürlich auch da folgen, wo sie Sprachsünden zeitigt. Man tut deshalb gut daran ihr grundsätzlich entgegenzuarbeiten; zum mindesten sollte man ihr nie nachgeben, ohne zu überlegen, ob sich nicht eine bessere Fassung finden läßt.

B e i s p i e l: „Der Angeklagte, der den Mann, der ihm Wohltaten erwiesen hat, mißhandelt hat, hat dadurch eine große Roheit an den Tag gelegt." Dieser Satz ist zwar leicht zu überblicken, aber man sieht ihm sofort die Unbeholfenheit des Verfassers an. Die dreimalige Wiederholung des „hat" in kurzen Abständen macht ihn holperig und das nachhinkende „dadurch" ist nichts weniger als schön. Man löse ihn in zwei Teile auf und beseitige den einen der beiden Relativsätze, dann verschwinden diese Mängel sofort. „Der Angeklagte hat eine große Roheit an den Tag gelegt. Denn er hat seinen Wohltäter mißhandelt."

Sehr häufig entstehen unübersichtliche Satzgebilde dadurch, daß der Verfasser einen längeren Tatbestand nicht nach der Zeitfolge erzählt, sondern mit dem Ereignis anfängt, das ihm wegen seiner Bedeutung für die rechtliche Beurteilung zunächst in die Augen fällt. Alles was zeitlich früher liegt und was drum und dran hängt, wird dann in den ersten Satz hineingewickelt. Der Rechtsstreit hat sich z. B. aus einem Vertrag über die Abtretung einer Grundschuld entwickelt. Der Verfasser glaubt nun, bei der Darstellung des Tatbestandes müsse er den Vertrag als Ausgangspunkt nehmen, und zimmert im Schweiße seines Angesichts folgenden Satz: „Der Kläger hat durch einen am 27. Oktober 1908 vor dem Notariate zu Glanheim beurkundeten Vertrag die auf dem dem Rentier Bautz gehörigen Grundstücke Pl.-Nr. 1726 der Steuergemeinde Felden für den Beklagten lastende zu 4½ % verzinsliche, bis zum 1. Juni 1911 unkündbare, von da an nach beiden Teilen jederzeit freistehender Kündigung binnen drei Monaten zahlbare Grundschuld zu 8000 Mk. von dem Beklagten, der sie sich am 31. August 1907 durch notariellen vom Grundbuchamt am 2. September 1907 vollzogenen Vertrag von dem ursprünglichen Gläubiger, dem Händler Simon Greif in Glanheim, hatte abtreten lassen, um den Kaufpreis von 8000 Mk. erworben, wobei vereinbart wurde, daß ein Teilbetrag des Kaufpreises zu 4000 Mk. in vierzinsigen zum Nennwerte zu berechnenden Pfandbriefen der Volksbank zu Zehldorf sofort, der Rest aber in vierteljährlichen am 1. Januar 1909 beginnenden Teilzahlungen zu je 400 Mk. entrichtet werden sollte."

Ein geschickterer Darsteller wird mit dem anfangen, was zuerst da war, nämlich mit dem Grundstücke; dann wird er auf die Grundschuld und ihre früheren Schicksale zu sprechen kommen und erst zuletzt auf den Vertrag, der den Streit hervorgerufen hat. „Der Rentier Bautz ist Eigentümer des Grundstücks Pl.-Nr. 1726 der Steuergemeinde Felden. Darauf lastet eine Grundschuld zu 8000 Mk. für den Beklagten; sie ist zu 4½ % verzinslich und bis zum 1. Juni 1911 unkündbar. Von da an soll die Kündigung dem Eigentümer und dem Gläubiger jederzeit frei stehen, die Zahlung soll binnen drei Monaten nach der Kündigung erfolgen. Gläubiger der Grundschuld war ursprünglich der Händler Simon Greif in Glanheim. Von ihm hat sie der Beklagte um 8000 Mk. erworben; der Vertrag ist am 31. August 1907 notariell beurkundet und am 2. September 1907 vom Grundbuchamte vollzogen worden. Am

27. Oktober 1908 hat nun der Beklagte die Grundschuld zu Urkunde des Notariats Glanheim um den Kaufpreis von 8000 Mk. an den Kläger abgetreten. Dieser sollte 4000 Mk. sofort anzahlen und zwar in vierzinsigen Pfandbriefen der Volksbank zu Zehldorf; die Pfandbriefe sollten zum Nennwerte berechnet werden. Den Rest sollte er in vierteljährlichen Teilbeträgen zu 400 Mk. vom 1. Januar 1909 an leisten."

Sehr gefährlich ist es auch, wenn man mehrere Gedanken verkoppelt, die in einem gewissen Gegensatze stehen, z. B. den allgemeinen Satz mit der Ausnahme oder der Einschränkung. Ein bezeichnendes Beispiel solcher falscher Satzbildung enthält folgende Ausführung, die einem Urteile des Reichsgerichts entnommen ist:[1] „Zunächst ist dem Berufungsrichter darin beizutreten, daß bei der Klage auf Rückgewähr des aus einem durch Betrug des Gegners veranlaßten Vertrage Geleisteten[2]) der Anspruch nicht wie beim vertragsmäßigen Rücktritt und bei der Wandelung synallagmatisch bedingt ist durch die Rückgabe des aus demselben Vertrage Empfangenen, wenn auch anderseits der Revision zuzugeben ist, daß, mag die Klage aus dem Gesichtspunkt der Bereicherung oder der unerlaubten Handlung betrachtet werden, der Umstand, daß der Kläger eine Gegenleistung empfangen hat, für den Umfang des Rückforderungs- oder Schadensersatzanspruchs von Bedeutung ist." Dieses mit Gedanken überladene Satzungetüm ist für den Laien unverständlich. Die Zerlegung bereitet nicht die geringsten Schwierigkeiten. „Bei der Klage auf Rückgabe der Leistung aus einem Vertrage, den der Gegner durch einen Betrug veranlaßt hat, ist der Anspruch nicht wie beim vertragsmäßigen Rücktritt und bei der Wandelung synallagmatisch[3]) bedingt durch

[1]) Es wäre sehr zu wünschen, daß die Herausgeber unserer Zeitschriften aus den Urteilen des Reichsgerichts und der Oberlandesgerichte vor dem Abdrucke wenigstens die ärgsten Sprachfehler ausmerzen. Die Urteile werden sehr oft unter dem Druck einer übermäßigen Geschäftslast rasch niedergeschrieben und es schleichen sich deshalb nicht selten Verstöße ein, die der Verfasser selbst vermieden hätte, wenn er mit mehr Muße hätte arbeiten können. Man erweist ihm einen schlechten Dienst, wenn man seine Fehler im Drucke wiedergibt, und man versündigt sich damit auch an dem Leser, der allmählich jedes Sprachgefühl verliert.

[2]) Wegen der unrichtigen Häufung der Partizipia s. unten Bem. d.

[3]) Dieses Wort soll nicht beanstandet werden, weil es ein technischer Ausdruck ist, der sich nur schwer umschreiben läßt. Übrigens würde die Klarheit der rechtlichen Ausführungen wohl nicht verloren gehen, wenn es wegbliebe.

die Rückgabe des aus demselben Vertrage Empfangenen. Insoweit ist dem Berufungsrichter beizutreten. Anderseits muß der Revision zugegeben werden, daß für den Umfang des Rückforderungs- oder Schadensersatzanspruchs der Umstand von Bedeutung ist, daß der Kläger eine Gegenleistung empfangen hat, mag man nun die Klage aus dem Gesichtspunkte der Bereicherung oder der unerlaubten Handlung betrachten."

Das Bayerische Oberste Landesgericht stand früher in dem Rufe, daß es seine Urteile und Beschlüsse sorgfältiger forme als das Reichsgericht. Aber die Satzkünstler scheinen ihm auch nicht zu fehlen, wie die folgende erheiternde Leistung zeigt: „Da das mit der Duldungspflicht des Eigentümers verbundene Recht auf Schadensersatz ein Recht ist, das sich aus dem Eigentum an dem Grundstück ergibt und es sich, wenn die von der bestimmungsmäßigen Benutzung des andern Grundstücks ausgehende Einwirkung mit dieser Maßgabe (?) geduldet werden muß, um ein Recht handelt, vermöge dessen mit der bestimmungsmäßigen Benutzung dieses Grundstücks (?) die Verpflichtung zum Ersatz des entstehenden Schadens verknüpft ist, so kann auch nach dem § 1018 BGB. die Ausschließung der Ausübung des Rechts auf Schadensersatz den Inhalt einer Grunddienstbarkeit bilden."

Als Kuriosum sei noch ein Satz mitgeteilt, der in dem Urteil eines bayerischen Landgerichts gefunden wurde. Er mißhandelt die deutsche Sprache in so grauenvoller Weise, daß jedes Wort der Kritik überflüssig ist. „Eine solche zunächst nur scheinbar vorhandene Hypothek kann recht wohl nach dem im bayerischen Hypothekenrechte festgehaltenen Prinzip der Öffentlichkeit, nach welchem jede im Vertrauen auf das Hypothekenbuch vorgenommene Handlung, soweit sie mit dem Hypothekenwesen in Verbindung steht, in Ansehung desjenigen, welcher nach den im Hypothekenbuche befindlichen Einträgen und im guten Glauben gehandelt hat, alle jene rechtlichen Wirkungen hervorbringt, welche der Handlung nach jenen Einträgen angemessen sind, ins Leben treten, sobald sie nämlich einem gutgläubigen Erwerber auf Grund eines entgeltlichen Geschäfts übertragen wird."

Das an sich lobenswerte Bestreben nach Einschränkung der Nebensätze führt mitunter dazu, daß man mehrere Partizipia aneinander reiht. Man gerät damit aus der Scylla in die Charybdis. Denn diese Art des Satzbaus ist wohl der lateinischen nicht aber der deutschen Sprache geläufig. Eine gewisse Ausführlichkeit ist zuweilen nicht zu vermeiden: es gibt Fälle, in denen eine allzu gedrängte Darstellung unübersichtlich ist.

Beispiel: „Der bei der Firma N. N. als Buchhalter angestellte mit der Buchung der Lohnzahlungen betraute Angeklagte hat in die von ihm geführten zur Nachweisung der an die Arbeiter gezahlten Beträge bestimmten Wochenlisten höhere als die ausgegebenen Beträge eingesetzt." Ein solcher Tatbestand, der aus vielen einzelnen Merkmalen zusammengesetzt ist, darf nicht mit Gewalt in einen Satz gepreßt werden, man muß mehrere kleine, selbständige Sätze bilden. Dann kann das eine oder das andere Partizipium stehen bleiben. „Der Angeklagte war bei der Firma N. N. als Buchhalter angestellt und hatte die Lohnzahlungen zu buchen. Er führte zu diesem Zwecke Wochenlisten, welche die an die Arbeiter gezahlten Beträge nachweisen sollten. Er hat in die Listen höhere Beträge eingesetzt, als ausgegeben waren."

h) Überflüssige und schleppende Nebensätze werden häufig gebildet, um den Übergang zu einem neuen Gedanken deutlicher hervorzuheben. Auch hier geht leider wieder das Reichsgericht mit dem bösen Beispiele voran. In seinen Entscheidungen kehren fortgesetzt Einleitungen wieder, wie „Was nun die von der Revision weiter vorgebrachte Rüge betrifft, daß . . ., so ist auch diese unbegründet" oder „Anlangend die Frage, ob . . ., so kommt (!!) zu erwägen, daß" usw. Das Fortschreiten zu einem neuen Abschnitte kann man in sehr einfacher Weise andeuten, indem man eine neue Zeile anfängt; will man eine besonders übersichtliche Darstellung liefern, so kann man eine Ziffer oder einen Buchstaben voransetzen. Dann wird man fortfahren: „Unbegründet ist auch die Rüge der Revision, daß . . ." „Die Frage, ob der Erblasser befugt war . . ., ist zu verneinen."

Sehr schön drückt sich der bayerische Verwaltungsgerichtshof in einer Entscheidung vom 13. Dezember 1907 aus, die in der amtlichen Sammlung (Jahrgang 1908 Nr. 1 S. 32ff.) abgedruckt ist: „Dazu übergehend, ob . . ., so ist auch dieser Punkt . . ." Ein Gymnasiast würde einen solchen Satz nicht ungestraft niederschreiben. Er ist nach dem Muster gebildet: „Um die Ecke biegend, steht plötzlich ein Geisbock vor mir."

Auch die Überleitungen mit „wenn" wird man besser vermeiden, weil man sonst oft überlange Sätze erhält. „Wenn nun der Beklagte unter Berufung auf eine Entscheidung des Reichsgerichts vom 10. Dezember 1907 weiter behauptet, das Landgericht habe übersehen, daß er nicht grundlos bereichert sei, weil er nur erhalten habe, was ihm auf Grund des Vertrags mit M. gebührte, so ist dem entgegenzuhalten, daß die vom Beklagten angezogene (!!) Entscheidung, weil ihr ein von dem hier in Frage stehenden in wesentlichen Punkten verschiedener Tatbestand zugrunde lag, hier nicht maßgebend sein kann." Richtig: „Der Beklagte behauptet weiter, das Landgericht habe übersehen, daß er nicht grundlos bereichert sei; er habe nur erhalten, was ihm auf Grund des Vertrags mit M. gebührte. Er beruft sich dabei auf eine Entscheidung des Reichsgerichts vom 10. Dezember 1907. Allein diese Entscheidung kann hier nicht maßgebend sein, weil ihr ein ganz anderer Tatbestand zugrunde lag."

2. a) In den Bemerkungen zu § 9 wurde u. a. die übermäßige Länge und Weitschweifigkeit der Tatbestände in den Zivilurteilen gerügt (Bem. 1a). Der Satz, daß Kürze der Darstellung die Übersichtlichkeit mehr fördert als ängstliche Vielschreiberei, gilt selbstverständlich auch für andere amtliche Schriftstücke, insbesondere für die Berichte an höhere Stellen. Das Bestreben recht ausführlich, recht sorgfältig und recht deutlich zu sein führt hier oft das Gegenteil des beabsichtigten Erfolges herbei. So ist es z. B. eine üble Gewohnheit, den Inhalt der einem Berichte beigegebenen Akten und Aktenstücke selbst dann zu wiederholen, wenn der Empfänger doch die Beilagen genau durchsehen muß um sich ein richtiges Bild von der Sache zu machen und die Grundlagen für seine Entscheidung zu gewinnen. Man erleichtert ihm damit seine Aufgabe nicht, sondern nötigt ihn mancherlei Dinge doppelt und dreifach zu lesen. Würde er nur mit kurzen Worten über die wesentlichen Punkte unterrichtet, so wäre ihm damit besser gedient.

Der Amtsrichter hat z. B. ein Gesuch um Volljährigkeitserklärung behandelt. Er legt die Akten nach Abschluß der Ermittelungen dem Staatsanwalte vor. Es wird genügen, wenn er in der Form des Berichts oder einer kurzhändigen Verfügung[1] die Darstellung des Sachverhalts und sein Gutachten etwa in folgender Weise zusammenfaßt: „Der am 15. April 1889 geborene Kaufmannssohn Karl Huber von N. hat im Einverständnisse mit seinen Eltern gebeten ihn für volljährig zu erklären. Sein Vater will ihm die Leitung des Geschäfts übertragen, weil er kränklich ist. Ich kann das Gesuch nicht befürworten. Die Ermittelungen haben ergeben, daß Karl Huber ein leichtfertiger und verschwen-

[1] Bem. 2 zu § 10.

derischer junger Mann ist und daß seine kaufmännische Vorbildung nicht genügt, zumal da das Geschäft einen sehr großen Umfang hat. Karl Huber hat ein eigenes Vermögen von rund . . . Mark; ich schlage deshalb vor eine Gebühr von . . . Mark anzusetzen."

Der Leser ersieht aus diesem kurzen Berichte sofort, welche Angelegenheit in Frage steht und auf welche Punkte es ankommt. Aber der Berichtende glaubt vielfach seiner Pflicht nicht Genüge getan zu haben, wenn er nicht einen vollständigen Aktenauszug unterbreitet. Er beginnt zu erzählen, in welcher Form und an welchem Tage das Gesuch eingereicht wurde, er zählt alle Behörden auf, die sich zur Sache geäußert haben, und alle Personen, die er vernommen hat. Was sie gesagt haben, bekommen wir lang und breit zu hören, vielleicht sogar unter wörtlicher Aufführung einzelner Stellen; wir erfahren genau, wie sich die Tante Rosalie Biermann und der Oheim Franz Xaver Spitzlberger über den Lebenswandel des Karl Huber ausgesprochen haben, welche Noten dieser in der 1., 2. und 3. Volksschulklasse im Rechnen, Schönschreiben, Rechtschreiben und in der Religion davongetragen hat. Seine Geschwister werden nach Namen und Geburtsdatum angeführt. Geschenkt wird dem Leser höchstens die genaue Verzeichnung aller Warenbestände, die im Laden des Vaters lagern; sie wird durch Verweisung auf „actorum Nr. 47" ersetzt. Diese Dinge sind ja gewiß für den Leser sehr interessant und lehrreich, aber wenn er sie zweimal genießen muß, zunächst beim Studium des Berichtes und dann beim Lesen der Akten, so liegt die Gefahr nahe, daß er den Übereifer des Berichterstatters verwünscht.

b) Im Verkehre mit gleichgeordneten Behörden oder mit Behörden anderer Ressorts tritt eine solche übermäßige Vorsicht weniger oft hervor, eher könnte man hier über eine allzu große Kürze klagen. Besonders die Ersuchen um Rechtshilfe werden oft recht mangelhaft abgefaßt. Stettner hat in der Zeitschrift für Rechtspflege in Bayern (1907 S. 14) mit Recht den Gebrauch der bequemen aber nichtssagenden Formel „zur sachgemäßen Einvernahme" gerügt. Sie mutet dem ersuchten Richter zu den Gedankenleser zu machen; sie führt zu unvollständiger oder ungenauer Erledigung des Ersuchens und hat ärgerliche Erörterungen und Verstimmungen zur Folge. Es gehört zum nobile officium des ersuchenden Richters der ersuchten Behörde die Erfüllung ihrer Aufgabe nach Möglichkeit zu erleichtern. Deshalb sollte er es nie unterlassen ihr eine ganz kurze Darstellung des Sachverhalts zu geben und ihr die Punkte zu bezeichnen, auf die er besonderes Gewicht legt. Dann hat er auch einige Gewähr dafür, daß nichts übersehen wird.

c) Bei manchen Mittelstellen hat sich die Unsitte eingebürgert die eingehenden Berichte nach oben mit einem neuen Berichte weiterzugeben, der den Inhalt des ersten Berichts ganz oder auszugsweise wiederholt. Was neu hinzugefügt wird, läßt sich mit wenigen Worten sagen: die eigenen Äußerungen der Mittelstelle verschwinden deshalb förmlich unter dem Rattenkönige der Wiederholungen und der Empfänger muß sie erst mühsam zusammensuchen. Er hat einen Papierhaufen vor sich, mit dem er nichts anfangen kann.

3. Mit einigen Worten sei noch der Zitate gedacht. Daß es sich empfiehlt so sparsam als möglich mit ihnen umzugehen, wurde schon früher bemerkt.[1]) Aber auch die Art ihrer Anbringung sollte sorgfältig überlegt werden. Es ist eine häßliche Gewohnheit sie mitten in die Sätze einzuschieben. Sie stören so den natürlichen Fluß der Sprache; der Leser hat das Gefühl, als stolpere er, so oft er auf eine zwischen Trennungszeichen gesetzte Verweisung stößt. „Die Auslegung der Vorschrift — vgl. hierüber Endemann Bd. I S. 213 — ist sehr bestritten.“ „Auch in der Rechtsprechung — Jur. W. 1898 S. 511 Nr. 13 — wurde die Frage verneint“. „Aus dem Gesetze ergibt sich ohne weiteres — § 2113 mit § 1879 BGB. — daß diese Auffassung nicht richtig sein kann“. Für die Regel sind die Zitate in Klammern an den Schluß der Sätze zu stellen; z. B. „Die Verjährung beseitigt nicht den Anspruch, sondern gibt dem Verpflichteten nur das Recht die Leistung zu verweigern (§ 222 Abs. 1 BGB.).“

Die Verweisungen sind so kurz als möglich zu fassen, von den im Abs. 5 des § 11 empfohlenen Abkürzungen ist auch in Reinschriften nach Möglichkeit Gebrauch zu machen. Jedoch soll man nicht selbsterfundene und willkürliche Abkürzungen wählen, sondern nur allgemein verständliche und übliche.[2]) Deshalb soll man auch nicht gedankenlos Abkürzungen niederschreiben, die man kurz zuvor in einem Buche gefunden hat; der Leser des Buches kann ihre Bedeutung leicht aus dem beigegebenen Verzeichnisse er-

[1]) Bem. 1 e zu § 9.

[2]) Die Anwendung der vom Deutschen Juristentag vorgeschlagenen Signaturen ist wünschenswert.

kennen, an einer anderen Stelle aber bleiben sie unverständlich. Es ist eine unbegreifliche Nachlässigkeit, wenn man z. B. die Sammlungen der Entscheidungen des Obersten Landesgerichts mit S. bezeichnet, weil diese Zitierweise in einer Textausgabe durchgeführt ist, die man gerade zur Hand hat. Sie kommt aber ebenso vor, wie der leichtsinnige Fehler, dem BGB. „Artikel" und den bayerischen Ausführungsgesetzen „Paragraphen" unterzuschieben.

Zuweilen wird man gewahr, daß gerichtliche Entscheidungen in einer recht eigentümlichen Form angeführt werden, die zu denken gibt. Man liest z. B. „vgl. Warneyer, Jahrbuch . . ." oder „s. a. Soergel, Rechtsprechung . . . .". Bei „Warneyer" und „Soergel" stehen aber nur die Leitsätze, welche die Verfasser der Bücher aus den Entscheidungen gewonnen haben; die Entscheidungen selbst und die ihnen beigegebenen Begründungen sind in Zeitschriften oder amtlichen Sammlungen abgedruckt. Wer also zitiert, wie angegeben, setzt sich dem Verdacht aus, daß er die Erkenntnisse, auf die er sich beruft, gar nicht im Urtexte gelesen und sie benützt hat ohne zuvor die Begründung auf ihre Richtigkeit zu prüfen. Wir wollen annehmen, daß dieser Verdacht stets unbegründet ist. Aber man würde gut daran tun auch den Schein zu meiden.[1])

§ 12.

Die Fristen zur Erledigung von Aufträgen sind so zu bemessen, daß bei ordnungsmäßigem Geschäftsgange die Erledigung innerhalb der Frist möglich ist, und ein Mahnschreiben nicht erforderlich wird. Unnötige Mahnschreiben sind zu unterlassen.

Die Termine für wiederkehrende Vorlagen sind so zu verteilen, daß eine Häufung derselben[2]) insbesondere am Jahresschlusse tunlichst vermieden wird.

Die Aufsicht über die richtige und rechtzeitige Erledigung aller geschäftlichen Anordnungen wird dadurch geübt, daß man sogenannte „Betriebstermine" vormerken läßt. Man verfügt, daß

[1]) Vgl. die Bek. Nr. 36104 vom 9. September 1907 (Anhang IV, Abschnitt I Nr. 2 Abs. 3.

[2]) Vgl. wegen des „derselben" Bem. 1a zu § 11, Fußnote S. 51.

die Akten — oder bei der Versendung der Akten die zurückbleibenden Belege[1]) — an einem bestimmten Tage wiedervorzulegen sind. Ist ein geregelter Registraturdienst eingerichtet, so haben die Registraturbeamten einen Terminskalender anzulegen und darin die Nummern oder Bezeichnungen der einzelnen Akten einzutragen. Der Beamte, der über eine sogenannte Hand-Registratur im eigenen Geschäftszimmer verfügt, wird gut tun selbst einen solchen Kalender zu führen. Bei geringem Umfange der Geschäfte kann man sich auch damit begnügen, daß man die laufenden Akten in bestimmte Fächer einlegt und diese von Zeit zu Zeit durchsieht.[2])

§ 13.

Soweit dies tunlich und mit dem geordneten Geschäftsgange vereinbar ist, sind die amtlichen Angelegenheiten mit anderen Stellen und Behörden, mit Referenten und Abteilungen derselben Stelle oder Behörde, sowie mit Privatpersonen im mündlichen oder telephonischen Verkehre zu erledigen. Nötigenfalls ist über die Unterredung eine kurze Vormerkung zu den Akten zu machen.

Man muß oft unwillkürlich lächeln, wenn man liest: „Verfügung. In das Ref. X zur Äußerung darüber, ob vom jenseitigen Standpunkte aus (!) Erinnerungen gegen die Vorschläge im Berichte vom 15. d. Mts. bestehen“, und die Erwiderung „Zurück in das Ref. IX mit dem Beifügen, daß“. . . Statt daß der Herr Referent sich über den Gang in das Geschäftszimmer bemüht, in dem sein Kollege residiert, läßt er die Akten durch das Botenpersonal in die Registratur tragen; von da aus wandern sie in das Ref. X und auf dem gleichen Umweg gehen sie wieder zurück. Bei richtigem Verfahren wird das Ref. IX nach mündlicher Besprechung der Angelegenheit seinen Entwurf anfertigen und ihn vom Ref. X mitunterzeichnen lassen, bevor er dem Chef vorgelegt wird.

[1]) Bem. 2 Abs. 2 zu § 10.

[2]) Für einzelne Dienstzweige bestehen genauere Vorschriften, auf deren Aufzählung wir uns hier nicht einlassen können.

§ 14.

Die den Zivil-Staatsministerien untergeordneten Stellen und Behörden haben mit allen öffentlichen Organen dieser Ministerien, sowie mit Privatpersonen im ganzen Umfange des Königreiches dann in unmittelbaren Geschäftsverkehr zu treten, wenn weder eine Mitwirkung noch eine Kenntnisnahme von seite derjenigen Stellen und Behörden notwendig ist, welche den Beteiligten zunächst vorgesetzt sind.

Ansinnen an Behörden, welche der veranlassenden Stelle oder Behörde nicht untergeordnet sind, haben in Ersuchensform zu ergehen. Die in dieser Weise angegangenen Behörden haben dem Ansinnen entsprechende Folge zu leisten.

Entschließungen, die ihrem ganzen Inhalte nach mehreren Unterbehörden oder mehreren Beteiligten zu eröffnen sind, soll die erforderliche Zahl von Abdrücken beigefügt werden.

1. Der unmittelbare schriftliche Verkehr mit Privatpersonen ist immer da anzuwenden, wo die Vermittelung einer anderen Behörde entbehrt werden kann.[1]) Vor allem kann man Bescheide auf Anträge, Gesuche und Beschwerden durch einfache Briefe erteilen, soferne gesetzliche Vorschriften nicht eine besondere Form der Zustellung fordern. Den Weg der Rechtshilfe zu beschreiten ist weder notwendig noch immer ratsam.

Die höheren Stellen betrauen nicht selten die Unterbehörden mit der Erteilung des Bescheides auf eine Beschwerde. Gegen dieses Verfahren sprechen manchmal sachliche Bedenken. Die Privatperson, die eine Beschwerde oder ein Gesuch eingereicht hat, erwartet einen Bescheid von der Stelle, an die sie sich gewendet hat. Sie wird mißtrauisch, wenn ihr die Antwort durch eine andere Behörde zugeht, vielleicht gar durch die Behörde, über deren Verhalten sie sich beklagt hat; sie gerät auf den Gedanken, daß die Oberbehörde ihre Eingabe gar nicht gesehen oder doch nicht geprüft habe, zumal wenn der Bescheid abweisend lautet. Leute, die zum Querulieren neigen, antworten dann sofort mit einer neuen

[1]) Vgl. Bem. 1 zu § 8, Fußnote S. 29.

Eingabe; sie würden sich vielleicht beruhigt haben, wenn sie aus einer unmittelbaren Zuschrift der höheren Stelle ersehen hätten, daß ihre Bitte oder Beschwerde geprüft worden ist.

2. Der unmittelbare schriftliche Dienstverkehr zwischen Behörden, die nicht dem nämlichen Ministerium unterstehen, wird durch § 14 Abs. 1 in weitestem Maße gestattet. Der Umstand, daß eine Behörde der anderen im Range übergeordnet ist, steht dem unmittelbaren Schriftenwechsel nicht entgegen. Jedes Amtsgericht kann sich also z. B. an die Kreisregierungen wenden. Auch in solchen Fällen sind die Höflichkeitsausdrücke auf das geringste Maß zu beschränken (§ 8). Ferner soll man eine überflüssige Belästigung der oberen Stellen vermeiden, wenn man Behörden eines anderen Geschäftszweiges angeht. Man soll z. B. nicht die Vermittelung der Bezirksämter anrufen, wenn man von den Gemeindebehörden oder von der Gendarmerie Auskunft verlangt.[1])

A contrario ist aus Abs. 1 zu folgern, daß es den Behörden nicht erlaubt ist sich unter Umgehung des Dienstwegs an ein Ministerium zu wenden, dem sie nicht unterstehen, soweit nicht besondere Vorschriften für einzelne Fälle Ausnahmen vorsehen.[2]) Es ist die Vermittelung der zunächst vorgesetzten Behörde in Anspruch zu nehmen. Das gilt auch für den Verkehr der Zivilbehörden mit dem Kriegsministerium, wie aus der Bekanntmachung Nr. 9768 vom 28. April 1901 (Anhang I) hervorgeht.

Die Vorschrift des § 14 Abs. 1 ergibt, daß auch die Oberbehörden bei dienstlichen Eröffnungen die mittleren Behörden überspringen und sich ohne weiteres an die untersten Stellen wenden können, wenn anzunehmen ist, daß die Mittelstellen kein dienstliches Interesse an der Angelegenheit haben. In solchen Fällen kann auch die Antwort unmittelbar der Stelle erteilt werden, von der die Entschließung ausging (vgl. die autogr. Entschl. des Staatsministeriums der Justiz vom 19. Juli 1905 [Anhang II] unter Nr. 8).

3. Der Abs. 3 des § 14 geht in seiner Bedeutung noch weiter als die übrigen Vorschriften der Bekanntmachung. Er legt allen Behörden die Verpflichtung auf, den nicht vorgesetzten Behörden des eigenen und anderer Ressorts Hilfe zu leisten, also z. B. ihnen

[1]) Vgl. im übrigen Bem. 2 zu § 1, Fußnote 1 S. 14.

[2]) Es ist den Behörden auch nicht gestattet, sich ohne Vermittelung der Staatsministerien an die allerhöchste Stelle zu wenden.

auf Verlangen Auskunft zu erteilen. Diese Verpflichtung wird jedoch begrenzt durch die sachliche und örtliche Zuständigkeit der ersuchten Behörde, es geht selbstverständlich nicht an auf Grund der Vorschrift des Abs. 3 einer Behörde Handlungen zuzumuten, die außerhalb ihres Geschäftskreises liegen.

4. Die Anordnungen, welche die Verteilung der für Unterbehörden oder Privatpersonen bestimmten Abdrucke zum Gegenstande haben, sind nicht in den Text der amtlichen Schreiben aufzunehmen; es ist zweckmäßiger, sie auf der linken Seite des Bogens unter der Überschrift „Beilagen" anzubringen (vgl. Bem. 2e zu § 5).

Beispiel:

Kgl. Regierung von Niederbayern, Kammer des Innern. Landshut, den 29. April 1907.

An
das Kgl. Bezirksamt Vilsbiburg.

Betreff:
Das Verhalten des Bürgermeisters N. in N.

Zum Berichte vom 6. vor. Mts.

Beilagen:

1. 2 Akten;
2. 15 Abdrucke der Entschließung zur Mitteilung an Bürgermeister N., die Gemeindeverwaltung N. und die 13 Beschwerdeführer.

§ 15.

Die vorstehenden Vorschriften treten sofort in Wirksamkeit.

Die vorhandenen Formulare für amtliche Berichte, Schreiben und Erlasse dürfen noch benützt werden.

Die einzelnen Staatsministerien behalten sich vor, soweit dies nicht bereits geschehen ist, innerhalb ihres Geschäftskreises sonstige, auf tunlichste Geschäftsvereinfachung abzielende Anordnungen zu treffen.

München, den 28. April 1901.

Dr. Graf v. Crailsheim. Dr. Frhr. v. Riedel.
Dr. Frhr. v. Feilitzsch. Dr. Frhr. v. Leonrod.
Dr. v. Landmann.

Muster. [1] Anlage I.

München, den 1. Juli 1901.

eingel. 2. Juli 1901, Nr. 18507.
5 Beilagen.

An
das K. Staatsministerium
des Innern.

Betreff:
Naturalisation des Ernst Kurz
aus Wien.

Beilagen:
5 amtliche Zeugnisse.

Nr. 18507. [2]
G. B. an die K. Regierung, Kammer des Innern, von Oberbayern zur weiteren Behandlung.
München, den 3. Juli 1901.
K. Staatsministerium des Innern.

(Unterschrift oder Siegel.) [3]

Ernst Kurz,
Kaufmann in München,
Amalienstr. 60/III.

---

[1]) Die der Bekanntmachung beigefügten Muster wurden mit einigen Zusätzen versehen, die zur Veranschaulichung des Geschäftsganges dienen sollen. Sie sind durch besondere Schriftzeichen kenntlich gemacht. Muster I zeigt die Eingabe einer Privatperson an ein Ministerium (§ 4 der Bek.) und die Verfügung, die das Ministerium auf die Eingabe trifft.

[2]) Bei Behörden, die Einlaufjournale führen, empfiehlt es sich die Einlauf-Nummer jeder Verfügung beizusetzen; dadurch wird der Dienst des Kanzleipersonals erleichtert; es wird ihm das Suchen nach der Nummer erspart, die es beim Auslaufen der Akten in dem Journale zu löschen hat.

[3]) Vgl. § 10 Abs. 4 der Bek. und Bem. 5 hierzu.

Anlage II.

Scheyern, den 1. Oktober 1901.

Eingel. 2. Okt. 1901; Nr. 7219.
12 Beilagen.

An
das K. Bezirksamt
Pfaffenhofen.

Betreff:
Gemeindeumlagen.

Beilagen:
12 Quittungen.

Nr. 7219.

I. An Herrn Joseph Huber, Bauer in Scheyern.[1]

Betreff: Gemeindeumlagen.
Zur Eingabe vom 1. ds. Mts.
Ihre Eingabe enthält keine Mitteilung darüber, ob

Ich ersuche Sie hierüber so bald als möglich Aufschluss zu geben.

Exp. am 5. Okt. 1905. M.[2]

II. Wiedervorzulegen nach 14 Tagen.[3]

Pfaffenhofen, den 4. Okt. 1901.
K. Bezirksamt.
Rauh.

Joseph Huber,
Bauer in Scheyern.

[1]) Unmittelbarer Verkehr mit Beteiligten (§ 14 der Bek.). Das Schreiben unter I wird in Reinschrift ausgefertigt. Die Eingabe und die darauf gesetzte Urschrift bleiben bei den Akten (vgl. die Vorbem. unter 1 a).

[2]) Handzug des mit der Expedition betrauten Beamten.

[3]) s. § 12 der Bek. und die Bemerkungen dazu.

Nr. 10910. Anlage III.[1]

Landshut, den 8. August 1901.

K. Regierung
von Niederbayern,
Kammer des Innern.

An
das K. Staatsministerium des
Innern für Kirchen- und
Schulangelegenheiten.

Betreff:
Schulhausneubau in Berg.

Die Verhandlungen sind jetzt abgeschlossen.[2]) Die Gemeinde B. hat sich bereit erklärt

Zur Min.-Entschl.
vom 4. Juli 1901 Nr. 8970.

Beilagen:
2 Akten,
1 Planmappe.

Referent: Regierungsrat Klug.

Unterschrift des Regierungspräsidenten.

---

[1]) Reinschrift eines Berichts (vgl. § 5 der Bek.); die Urschrift des Berichts ist als „Remanens" bei den Akten der Regierung zurückgeblieben.
[2]) Keine Eingangsformel (vgl. die Bem. 2 u. 3 zu § 5 der Bek.).

Anlage IV.

Nr. 21 700. Speier, den 18. Oktober 1902.

Kgl. Regierung
der Pfalz,
Kammer des Innern.

Eingel. 22. Okt. 1902; Nr. 1508.
7 Beilagen.

An
den Herrn Staatsanwalt[1])
bei dem K. Oberlandesgerichte
Zweibrücken.

Betreff:
Namensänderung des Johann
Klein in Kaiserslautern.

Zu ———— Nr. ——

Beilagen:
1 Aktenheft, } g. R.
2 einzelne Schriftstücke } g. R.

Nr. 1508.

G. R. mit allen Beilagen an den Herrn Staatsanwalt bei dem K. Landgerichte Kaiserslautern[2])

mit dem Auftrage zunächst festzustellen, ob

Zweibrücken, 22. Okt. 1902.
Der K. Oberstaatsanwalt.
Weiss.

Unterschrift des Regierungspräsidenten.

---

[1]) Statt „Staatsanwalt" müßte es hier eigentlich heißen: „Oberstaatsanwalt". Es scheint bei der Feststellung der Muster hier ein Versehen unterlaufen zu sein.

[2]) Urschriftlicher Verkehr (§ 10 der Bek.; vergleiche die Vorbemerkungen unter 1 b).

Anlage V.

Nr. 15 666. Bayreuth, den 9. September 1903.

K. Regierung von Oberfranken,
Kammer des Innern.

Eingel. 12. Sept. 1903; Nr. 3786.
3 Beilagen.

An das K. Bezirksamt Teuschnitz.

Betreff:
Heimat des Joseph Schmidt
in Langenau.

Zum Bericht vom 10. Juni 1903
Nr. 4100.

Beilagen: 3 Aktenhefte.

Nr. 3786.[1])

I. Eine Abschrift der Entschliessung ist der Gemeindeverwaltung D. zur Kenntnisnahme zu übersenden. *gesch. 14. 9. 1903. R.*[2])

II. An das K. Bezirksamt Kronach.
Betreff: wie oben.
Die Regierung von Oberfranken hat angeordnet, dass zu ermitteln ist, ob .... Ich ersuche hiernach usw. ..... *Exp. 14. 9. 1903. R.*[2])

III. Die Versendung der Akten ist vorzumerken[3])

IV. G. R. mit allen Beilagen an das K. Bezirksamt Bamberg mit dem Ersuchen durch Vernehmung des Bauers N. in F. festzustellen, ob *gesch. 14. 9. 1903. R.*[2])

Teuschnitz, 13. Sept. 1903.
K. Bezirksamt.
Hacker.

Unterschrift des Regierungspräsidenten.

Sebald.[4])

---

[1]) Beispiel für die Verbindung mehrerer Verfügungen; Verbindung des urschriftlichen Verkehrs und des Verkehrs mit Reinschriften (vgl. Bem. 3 zu § 10 der Bek.). Das Schreiben unter II wird in Reinschrift hergestellt, worauf die Akten an das Bezirksamt Bamberg weitergehen.

[2]) Handzug des expedierenden Kanzleibeamten.

[3]) Vgl. Bem. 2 zu § 10.

[4]) Unterschrift des Referenten (Bezirksamtsassessors), der die Verfügung entworfen hat.

Anlage VI.[1])

Nr. 3107. Lindau, den 1. Juni 1902.

K. Bezirksamt Lindau.

An
Herrn Ludwig Stein, Schlosser
in Immenstadt.

Betreff:
Verehelichungszeugnis.

Zur Vorstellung
vom 15. April 1902.

Beilagen:
1 Zeugnis.

Ihrem Antrage konnte nicht entsprochen werden,[2]) *weil das Bezirksamt nicht zuständig ist darüber zu entscheiden, ob*

Es muss Ihnen überlassen bleiben Ihren Antrag bei dem

anzubringen.

Unterschrift des Bezirksamtmanns.

---

[1]) Reinschrift eines Schreibens an eine Privatperson.
[2]) Keine Eingangsformel (vgl. Bem. 2 d zu § 5 der Bek.).

Anlage VII.[1]

Nr. 6152.

a) ./. rc. Vorgelegt der K. Regierung der Pfalz, Kammer des Innern, mit 2 Akten und 1 Beilage.

Frankenthal, den 11. November 1902.

K. Bezirksamt.
Unterschrift des Bezirksamtmanns.

Nr 2605.

b ./. rc. G. R. mit 4 Beilagen an das K. Rentamt Traunstein mit dem Ersuchen um Aeußerung.

Traunstein, den 1. Mai 1903.

K. Amtsgericht.
Unterschrift des Oberamtsrichters.

Nr. 10666.

c G. R. mit 1 Beilage an das K. Bezirksamt Scheinfeld zur Berichterstattung.

Ansbach, den 4. April 1904.

K. Regierung von Mittelfranken, Kammer des Innern.

Unterschrift des Regierungspräsidenten.

---

[1]) Beispiele für den urschriftlichen Verkehr (§ 10 der Bek.). An Stelle der Unterschrift könnte auch der Siegelaufdruck treten (vgl. Bem. 5 Abs. 3 zu § 10 und Bem. 2 Abs. 2 zu § 6).

Anlage VIII.[1])

Nr. 120. Lenggries, den 15. Mai 1901.

Gemeindeverwaltung
Lenggries.

An
das K. Bezirksamt
Tölz.

Betreff:
Gemeinderechnungen für 1900. Amtssiegel ....

Zum Ausschreiben vom 1. März 1901
Nr. 612.

Beilagen:
6 Rechnungen,
1 Aktenheft.

[1]) Beispiel für den Begleitbogen mit Siegelaufdruck (§ 10 Abs. 4 der Bek.).

Anhang.

I.

Nr. 9768.

Bekanntmachung, den dienstlichen Verkehr betreffend.

K. Staatsministerien des Königlichen Hauses und des Äußern, der Justiz, des Innern beider Abteilungen, dann der Finanzen und K. Kriegsministerium.

Mit Allerhöchster Genehmigung Seiner Königlichen Hoheit des Prinz-Regenten wird verfügt, daß die Bestimmungen der unter'm Heutigen ergangenen gemeinschaftlichen Bekanntmachung der Königlichen Zivil-Staatsministerien, die Vereinfachung des dienstlichen Verkehrs betreffend, auch im Verkehr zwischen Zivil- und Militärbehörden, zwischen Zivilbehörden und Militärpersonen und zwischen Militärbehörden und Privatpersonen entsprechend anzuwenden sind.

Die Bekanntmachung des K. Kriegsministeriums vom 28. Oktober 1876 (Gesetz- und Verordnungsblatt Seite 831, Verordnungsblatt des K. Kriegsministeriums Seite 548) tritt hierdurch außer Kraft.[1])

München, den 28. April 1901.

Dr. Graf v. Crailsheim. Dr. Frhr. v. Riedel.
Dr. Frhr. v. Feilitzsch. Dr. Frhr. v. Leonrod.
Frhr. v. Asch. Dr. v. Landmann.

[1]) Wegen des schriftlichen Dienstverkehrs im Heere s. die Bek. des Kriegsministeriums vom 6. Juni 1907 (Verordnungsblatt des Kriegsministeriums Nr. 15 vom 6. Juni 1907 S. 149); vgl. ferner Bem. 1 zu § 2 der Bek. vom 28. April 1901 (S. 14).

Anhang.

II.

Autographierte Entschließung des Staatsministeriums der Justiz, Nr. 27626 vom 19. Juli 1905, die Vereinfachung des dienstlichen Verkehrs betr.

Das Staatsministerium der Justiz hat den ihm untergeordneten Behörden schon wiederholt empfohlen, sich bei der Erstattung von Berichten möglichst kurz zu fassen. Auch im § 11 der Bekanntmachung der Zivilstaatsministerien vom 28. April 1901, die Vereinfachung des dienstlichen Verkehrs betr. (JMBl. S. 363), ist angeordnet, daß die amtliche Schreibweise knapp sein soll. Trotzdem wird noch häufig eine breite Darstellung als Zeichen besonderer Sorgfalt und Gründlichkeit angesehen. Jede schriftliche Arbeit gewinnt durch Knappheit der Fassung an innerem Werte; breite und weitschweifige Darlegungen kosten nicht nur sowohl den Verfasser als den Leser unnötigerweise Zeit, sondern setzen auch den Verfasser dem Verdacht aus, daß er sich von dem Sachverhalt, über den er berichtet, kein klares Bild gemacht und nicht vor der Verfassung des Berichts dessen Inhalt genügend überlegt hat.

Das Staatsministerium der Justiz sieht sich deshalb veranlaßt, die Vorschrift im § 11 der angeführten Bekanntmachung hiermit wieder einzuschärfen und dabei zu ihrem Vollzug und im Interesse der Vereinfachung des dienstlichen Verkehrs überhaupt folgendes anzuordnen:

1. Es ist unstatthaft, die allgemeinen Anordnungen, die die Erstattung eines Berichtes veranlassen, in dem Berichte zu erwähnen, wenn nicht die Erörterung der Sache es not-

wendig macht, sie zu erwähnen oder näher auf sie einzugehen. Dagegen muß die besondere Anordnung, die die Erstattung des Berichts veranlaßt hat, auf der linken Hälfte der ersten Seite des Berichts angegeben werden (§ 5 Abs. 2 Nr. 5 der Bekanntmachung vom 28. April 1901).

2. Die Beilagen sind zu numerieren, ihre Zahl ist auf der linken Hälfte der ersten Seite anzugeben (§ 5 Abs. 2 Nr. 6 a. a. O.). Dagegen wird hiemit untersagt, die Beilagen unter Angabe des Datums und des Betreffs an dieser Stelle oder im sachlichen Teile des Berichts einzeln aufzuzählen.

3. Besondere Beschränkung ist bei der Benützung des Inhalts der Beilagen zu üben. Es darf davon nur so viel in den Bericht aufgenommen werden, als nach dem Zwecke der Berichterstattung unerläßlich ist; denn bei der Behörde, für die der Bericht bestimmt ist, müssen die Beilagen ebenso gelesen werden wie der Bericht.

Enthalten die Beilagen das Ergebnis von Ermittelungen, so genügt es in den meisten Fällen, im Berichte die Folgerungen aus dem Inhalte der Beilagen zu ziehen und eine kurze gutachtliche Äußerung beizufügen.

4. Die Behörde, die den Bericht einer ihr untergebenen Behörde einer höheren Aufsichtsbehörde vorlegt, darf nicht den Inhalt dieses Berichts in ihrem Berichte wiedergeben.

Es ist ferner überflüssig, in Berichten über Anstellungs- oder Beförderungsgesuche Dinge zu erwähnen, die den vorgesetzten Behörden aus den Akten schon bekannt sind, z. B. die Prüfungsnoten, die Behörden, bei denen der Bewerber in Praxis stand, die bisherige dienstliche Laufbahn des Beamten, den Inhalt und die Begründung der Qualifikation.

5. Unstatthaft ist es, einen für das Staatsministerium der Justiz bestimmten Bericht mit einem an die zunächst vorgesetzte Dienstbehörde gerichteten besonderen Berichte dieser vorzulegen. Der Bericht ist, soweit nicht für

bestimmte Fälle etwas anderes vorgeschrieben ist [1]), an die zunächst vorgesetzte Dienstbehörde zu richten und diese hat ihn mit einem möglichst kurzen Berichte, in der Regel mit einem sogenannten Randberichte, dem Ministerium vorzulegen.

6. Die Hinweisung auf Gesetze, Verordnungen oder Entschließungen durch die in Klammern gesetzte Angabe des Datums, des Betreffs und der Stelle des amtlichen Blattes, an der sie abgedruckt sind, ist auf das äußerste zu beschränken. Ist die Hinweisung nicht zu umgehen, so sollen nur das Datum und die Stelle des amtlichen Blattes angegeben werden, z. B. Bekanntmachung vom 15. Mai 1874, JMBl. S. 139.

7. Gebräuchliche und verständliche Abkürzungen sind auch in Berichten an höhere Stellen zulässig.

8. Ist nach den bestehenden Vorschriften unter Abweichung vom Dienstweg unmittelbar an eine höhere Aufsichtsbehörde zu berichten, so ist, soweit nicht für bestimmte Fälle etwas anderes vorgeschrieben ist [2]), die Erstattung von Berichten an die übrigen Aufsichtsbehörden zu unterlassen.

Unmittelbar an das Staatsministerium der Justiz hat eine seiner Aufsicht nicht unmittelbar unterstellte Behörde insbesondere dann zu berichten, wenn die Berichterstattung durch eine unmittelbar an sie ergangene Entschließung des Ministeriums veranlaßt worden ist. In diesem Falle findet Berichterstattung auf dem Dienstwege nur in denjenigen Angelegenheiten statt, für die es durch eine allgemeine oder eine besondere Vorschrift des Staatsministeriums der Justiz ausdrücklich angeordnet ist.

[1]) Z. B. § 13 der Bek. vom 19. Juli 1905 Nr. 27484, die Handhabung der Dienstaufsicht über die Gerichte und die Notariate durch die äußeren Dienstaufsichtsbehörden betr.

[2]) Z. B. § 17 Abs. 2 der Bek. vom 19. Juli 1905 Nr. 27484, die Handhabung der Dienstaufsicht über die Gerichte und die Notariate durch die äußeren Dienstaufsichtsbehörden betr.

9. Von dem nach § 10 Abs. 3 der Bekanntmachung vom 28. April 1901 zulässigen Verfahren wird im Verkehre mit den vorgesetzten Stellen viel zu wenig Gebrauch gemacht. Die Bestimmung ist in allen Fällen anwendbar, in denen weder die Vorlegung begründet, noch das vorzulegende Schriftstück erläutert zu werden braucht. In dieser Weise können also z. B. auch vorgelegt werden

die nach § 28 Abs. 2 Ziff. 2 Abs. 2 und den §§ 34, 35 der Bekanntmachung vom 7. Januar 1901 (JMBl. S. 65) vorzulegenden Anzeigen, Übersichten und Verzeichnisse,

die Ergänzungen der Personalbögen,

die Abschriften von dienstaufsichtlichen Verfügungen und von Beschlüssen der Präsidien in Dienstaufsichtssachen,

die Abschriften der von den Präsidien auf Grund des Art. 3 des Disziplinargesetzes für richterliche Beamte gefaßten Beschlüsse,

die Abschriften von Urteilen und Beschlüssen in Dienstrafsachen,

die Geschäftsübersichten,

die Entwürfe der Regierechnungen,

die Übersichten über die Erträgnisse der Notariate,

die Übersichten über die Erträgnisse der Gerichtsschreibereien,

die Auszüge aus den Vormerkungsbüchern nach § 22 der Bekanntmachung vom 11. Juli 1900 (JMBl. S. 1010),

die Rückstandsverzeichnisse nach § 98 der Vorschriften für die Geschäftsbehandlung in den zur Zuständigkeit der Schöffengerichte gehörigen Strafsachen vom 20. August 1879.

Bei solchen Vorlagen genügen der Vermerk „Vorgelegt“ und die Beidrückung des Amtssiegels; die Angabe des Ortes und des Tages der Vorlegung, die Unterschrift des Beamten und eine innere Adresse sind entbehrlich. Ebenso ist bei der Zurückgabe von Vorlagen zu verfahren; ist eine sachliche Bemerkung dazu nicht veranlaßt, so genügen der Vermerk „Zurückgegeben“ und die Beidrückung des Amtssiegels.

10. Bei Vorlagen und Berichten an die vorgesetzten Stellen dürfen Höflichkeitsausdrücke weder im Text noch bei der Unterfertigung gebraucht werden.

11. Die Vorschriften über die Berichterstattung in Begnadigungssachen bleiben unberührt.

1. Zu Nr. 1. Es ist z. B. nicht erforderlich bei der Vorlegung von Gesuchen um Befreiung von Ehehindernissen, um Volljährigkeitserklärungen, Ehelichkeitserklärungen u. dgl. auf die Ministerial-Bekanntmachungen zu verweisen, die die Behandlung solcher Gesuche regeln. Ebenso können bei den sehr häufigen Berichten über die persönlichen Verhältnisse der Beamten die Verweisungen auf Ministerialentschließungen u. dgl. wegbleiben (vgl. im übrigen Bem. 1 zu § 3 und Bem. 2d zu § 5 der Bek.).

2. Zu Nr. 2. Aus der Vorschrift, daß die Aufzählung der Beilagen im einzelnen unterbleiben soll, darf nicht geschlossen werden, daß auf der linken Hälfte der ersten Seite immer nur die Zahl der Beilagen angegeben werden dürfte (Mit . . . Beilagen). Die Beschränkung auf die Angabe der Zahl ist allerdings immer dann zu empfehlen, wenn nicht besondere Gründe es wünschenswert machen, daß einzelne Beilagen besonders hervorgehoben werden. Unter Umständen kann aber eine genauere Bezeichnung zweckmäßig sein, wobei jedoch stets die kürzeste Form zu wählen ist (z. B. „Mit 3 Akten, 4 Aktenstücken, einer Plan-Skizze“; vgl. Bem. 2e Abs. 2 zu § 5 der Bek.).

3. Zu Nr. 3 vgl. Bem. 2a zu § 11 der Bekanntmachung.

4. Zu Nr. 5. Die sog. „Begleitberichte“ wurden früher besonders häufig dann angewendet, wenn Beamte in persönlichen Angelegenheiten eine Bitte an eine höhere Stelle richteten und das Gesuch auf dem Dienstweg einreichten. Man verfaßte z. B. bei

einem Gesuch um Gewährung eines außerordentlichen Urlaubs zwei gesonderte Schreiben; das eine enthielt die unmittelbar an das Ministerium gerichtete Bitte um Urlaub, das zweite richtete sich an den Amtsvorstand und enthielt die Bitte, das Gesuch auf dem Dienstwege vorzulegen.

Beispiel:

1. An das
Kgl. Staatsministerium der Justiz.

Betreff:
Urlaub.

Nürnberg, den

Da ich im .... ds. Js. eine schwere Krankheit durchzumachen hatte und nach dem beiliegenden ärztlichen Zeugnisse mein Gesundheitszustand eine Reise nach dem Süden nötig macht, bitte ich um die Gewährung eines außerordentlichen Urlaubs in der Zeit vom

Unterschrift.

2. An den
Herrn Präsidenten des Kgl. Landgerichts............

Betreff:
Urlaub.

Nürnberg, den

Das beiliegende Gesuch um Gewährung eines außerordentlichen Urlaubs bitte ich befürwortend der höchsten Stelle vorzulegen ....

Unterschrift.

Nach der Vorschrift in Nr. 5 der autographierten Entschließung ist jetzt nur noch ein Schreiben zu verfassen. Es ist an den Amtsvorstand zu richten und soll etwa lauten: „Ich habe im .... eine schwere Krankheit durchgemacht. Mein Gesundheitszustand macht eine Reise nach dem Süden nötig. Ich bitte mir die Gewährung eines außerordentlichen Urlaubs .... zu erwirken" usw. Es ist insbesondere auch den Rechtspraktikanten dringend zu empfehlen, daß sie diese Form einhalten, wenn sie sich mit Bitten an eine höhere Stelle wenden.

Die autographierte Entschließung verbietet in Nr. 5 ihrem Wortlaute nach die „Begleitberichte" nur für den Verkehr mit dem Ministerium. Es ist aber selbstverständlich, daß die Vorschrift für den Verkehr mit übergeordneten Stellen überhaupt zu gelten hat, also auch dann, wenn Berichte oder Gesuche den Präsidenten der Landgerichte oder der Oberlandesgerichte vorgelegt werden sollen. Auch die Rechtsanwälte können sich hiernach bei ihren Gesuchen um Bestellung eines Stellvertreters die „Begleitschreiben" sparen. Ebenso selbstverständlich ist, daß die Vorschrift auch für die Fälle gilt, in denen der Verkehr mit dem Ministerium nicht durch eine vorgesetzte Behörde, sondern durch eine nur im Range höherstehende Behörde vermittelt wird, also z. B. dann, wenn das Amtsgericht durch Vermittelung des Staatsanwalts oder des Oberstaatsanwalts zu berichten hat.

5. Zu Nr. 6. Die Angabe des „Betreffs" soll, wenn irgendwie möglich, unterbleiben, vor allem bei der Verweisung auf ältere Dienstesvorschriften, deren „Betreff" oft sehr langatmig und schwülstig ist. Sind mehrere Bekanntmachungen an einem Tage erlassen worden, so kann der Gefahr einer Verwechslung durch Beisetzung der Nummer vorgebeugt werden (vgl. ferner Bem. 3 zu § 11 der Bek.).

6. Zu Nr. 7 vgl. Bem. 3 zu § 11 der Bekanntmachung.

7. Mit „Begleitbogen" können insbesondere auch Eingaben von Privatpersonen wieder vorgelegt werden, die an eine Behörde des äußeren Dienstes mit dem Auftrag hinausgegeben wurden einen Bescheid, einen Aufschluß oder eine Belehrung zu erteilen. Ein besonderer Bericht über die Art der Erledigung der Sache muß in solchen Fällen nicht erstattet werden, wenn es nicht ausdrücklich angeordnet wurde (vgl. im übrigen Bem. 5 Abs. 4 zu § 10 der Bek.).

Anhang.

III.

Nr. 35971.

Bekanntmachung, die Entlastung der Richter von Schreibarbeit betreffend.

(JMBl. 1907 S. 237.)

Königliches Staatsministerium der Justiz.

Um die Richter noch mehr, als es schon bisher geschah, von Schreibarbeit zu entlasten und sie dadurch in den Stand zu setzen, der eigentlichen richterlichen Tätigkeit ihre ganze Kraft zu widmen, wird folgendes bestimmt:

I. Die Gerichtsschreiber und das Kanzleipersonal dürfen zum Entwerfen von richterlichen Beschlüssen, Verfügungen und Mitteilungen verwendet werden, wenn nach deren Einfachheit oder nach der Häufigkeit ihres Vorkommens anzunehmen ist, daß dem Gerichtsschreiber oder dem Kanzleipersonal die Anfertigung eines geeigneten Entwurfs geläufig sein wird.

Geschäfte dieser Art können zum Beispiel sein:

1. In bürgerlichen Rechtsstreitigkeiten
   - Prozeßleitende Verfügungen
   - Beschlüsse auf Festsetzung des Wertes des Streitgegenstandes
   - Kostenfestsetzungsbeschlüsse [1])
   - Beschlüsse auf Gesuche um Bewilligung des Armenrechts
   - Beweisbeschlüsse
   - Beschlüsse auf Verhängung von Ordnungsstrafen gegen Zeugen und Sachverständige

[1]) Jetzt gegenstandslos (§ 104 ZPO.).

Beschlüsse auf Pfändung und Überweisung von Forderungen, auf Einstellung der Zwangsvollstreckung und Erlassung von Haftbefehlen, sonstige Beschlüsse im Zwangsvollstreckungsverfahren

Beschlüsse im Arrestverfahren

Beschlüsse im Aufgebotsverfahren

Ersuchen um Erledigung von Beweisbeschlüssen im Inland

Verteilungspläne.[1]

2. In Strafsachen

Prozeßleitende Verfügungen insbesondere auf eingegangene Privatklagen

Verfügungen auf Einlegung oder Zurücknahme des Einspruchs

Beschlüsse über die Eröffnung des Hauptverfahrens

Beschlüsse auf Einstellung des Verfahrens

Beschlüsse auf Verwerfung verspätet eingelegter Berufungen und Revisionen, nicht frist- und formgerecht begründeter Revisionen und nicht formgerechter Anträge auf Wiederaufnahme des Verfahrens und Beschlüsse auf Zurückweisung des verspäteten Einspruchs

Beschlüsse in Privatklagesachen auf Bewilligung oder Verweigerung des Armenrechts, auf Zulassung des Nebenklägers, auf Einstellung des Verfahrens, auf Festsetzung der Kosten der Privatklage oder der Nebenklage

Verfügungen und Beschlüsse im Strafvollstreckungsverfahren, insbesondere Beschlüsse auf Erlassung von Vorführungsbefehlen, Haftbefehlen oder Steckbriefen,

---

[1] Die Anmerkung, die hier der Bekanntmachung beigesetzt ist, wurde nicht mehr abgedruckt. Sie erwähnt die Entwürfe zu den Zahlungs- und Vollstreckungsbefehlen und ist infolge der Änderung der ZPO. nicht mehr ganz zutreffend (s. § 699 Abs. 1 Satz 2 ZPO.).

Beschlüsse auf Umwandlung von Geldstrafen in Freiheitsstrafen.[1])

3. Im Konkursverfahren

Eröffnungsbeschlüsse mit den dazu gehörenden Verfügungen

Anderweitige Beschlüsse und Verfügungen.

4. Im Zwangsversteigerungs- und Zwangsverwaltungsverfahren

Beschlagnahmebeschlüsse

Beschlüsse auf Aufhebung und auf Einstellung des Verfahrens

Verfügungen auf Anberaumung des Verteilungstermins

Verteilungspläne.

5. In Vormundschafts- und Nachlaßsachen

Verfügungen, Ersuchen, Ladungen und Mitteilungen, insbesondere solche, welche infolge des Eingangs einer Geburts- oder Todesanzeige, aus Anlaß der Beendigung einer Vormundschaft oder nach dem Abschluß einer protokollarischen Verhandlung erforderlich werden

Mahnschreiben und Aufforderungen, insbesondere zur Einreichung von Vermögensverzeichnissen oder Rechnungen, Erholen von Aufschlüssen oder Erziehungsberichten

Entwerfen von Bestallungen

Mitteilungen an das Standesamt über die Anerkennung der unehelichen Vaterschaft

Benachrichtigung des Erbschaftssteueramts

Benachrichtigungen der bei der Eröffnung einer Verfügung von Todes wegen nicht anwesend gewesenen Beteiligten

[1]) Die Ausfertigung der Strafbefehle liegt schon nach den Vorschriften für die Geschäftsbehandlung in schöffengerichtlichen Sachen dem Gerichtsschreiber ob.

Mitteilungen an das Rentamt oder Grundbuchamt zur Umschreibung von Nachlaßgrundstücken

Vorbereitung von Protokollen über Verhandlungen und über die Entgegennahme von Anträgen oder Erklärungen

Auszüge und Vormerkungen aus notariellen Urkunden und aus Akten

Anfertigung und Ergänzung der Vormerkungsbogen und Vermögensübersichten

Rechnerische Prüfung der Vormundschaftsrechnungen

Entwerfen von Auseinandersetzungsplänen.

6. In Hypotheken- und Grundbuchsachen

Führung des Tagebuchs

Eintragungen in das Hypothekenbuch oder Grundbuch

Verfügungen und Beschlüsse

Vorbereitung der Protokolle über Anträge oder Erklärungen

Benachrichtigungen und Mitteilungen an die Beteiligten und an das Rentamt.

7. In Registersachen

Eintragungsverfügungen

Abweisung der Eintragung

Eintragung in die Register

Mitteilung der Eintragung

Entwurf der Bekanntmachungen

Bescheinigungen aus dem Register.

8. In Standesamtssachen

Beschlüsse auf Berichtigung der Standesamtsregister

In der Pfalz Mithilfe bei der Prüfung der Nebenregister.

Ferner darf dem Kanzleipersonal übertragen werden

das Entwerfen von Anordnungen, die sich richten auf Anlegung und Weglegung von Akten, auf Erholung und Versendung von Akten

die Anfertigung des Einganges (Kopfes) der Urteile und Beschlüsse
die Überwachung des Vollzugs der vom Richter angeordneten Wiedervorlegung von Akten und das Entwerfen von Verfügungen aus diesem Anlasse
die Führung der Sitzungskalender
die Führung sonstiger Verzeichnisse und Listen
die Sammlung und Bearbeitung statistischen Materials.

II. Dem Gerichtsschreiber oder dem Kanzleipersonal darf das Entwerfen von Versäumnisurteilen, von Anerkenntnis- und Läuterungsurteilen, dann von Urteilen, die auf Zurücknahme der Klage, des Einspruchs, der Berufung ergehen, übertragen werden, ferner das Entwerfen von Urteilen im Verfahren nach § 211 Abs. 2 der StPO., von Urteilen wegen Verletzung der Wehrpflicht und von Urteilen in den Fällen des § 370 und des § 452 der StPO.

III. Soll in einer richterlichen Entscheidung, sei es in bürgerlichen Rechtsstreitigkeiten, sei es in Strafsachen, sei es in der freiwilligen Gerichtsbarkeit, der Wortlaut von Geschriebenem oder Gedrucktem wiedergegeben werden, so darf der Verfasser diesen Teil der Begründung durch die Gerichtsschreiberei schreiben lassen.

IV. Bei der Abfassung umfangreicherer Entscheidungen in bürgerlichen Rechtsstreitigkeiten, in Strafsachen oder in der freiwilligen Gerichtsbarkeit darf in der Weise verfahren werden, daß der Richter in Kurzschrift oder in gewöhnlicher Schrift unter Anwendung von Abkürzungen und Verweisungen einen leicht leserlichen Entwurf zu Papier bringt, gleichviel ob mit Tinte oder Bleistift, und daß darnach die Gerichtsschreiberei eine Reinschrift anfertigt. Um zu ermöglichen, daß diese bei der Vervielfältigung des Urteils auf mechanischem Wege verwendet wird, muß sich jedoch der Richter vorher die Gewißheit verschaffen, daß sein Entwurf in allen Teilen die Zustimmung der mitwirkenden Richter findet.

V. Auch bei der Abfassung weniger umfangreicher Urteile dürfen die Vorsitzenden der Schöffengerichte in der gleichen Weise verfahren, wenn die Zahl der Urteile, die sie auf Grund einer Sitzung abzufassen haben, groß ist.

VI. Den Richtern und den Gerichtsschreibereien sind zur Erleichterung und Beschleunigung der Geschäftserledigung möglichst viel Formulare und Stempel zur Verfügung zu stellen.

VII. Die Ausführung der vorstehenden Bestimmungen werden die Vorstände der Gerichte zum Gegenstand ihrer besonderen Aufmerksamkeit machen. Sie werden im Benehmen mit dem geschäftsleitenden Sekretär das geeignete Kanzleipersonal auswählen und für dessen Unterweisung und allmählich fortschreitende Ausbildung, wenn möglich auch für dessen längeres Verbleiben in dieser Verwendung sorgen. Sie werden ferner mündlich oder schriftlich Vorkehrungen treffen, damit die Heranziehung der Gerichtsschreiber und des Kanzleipersonals zur Entlastung der Richter von Schreibarbeit in das richtige Verhältnis zur Geschäftsaufgabe der einzelnen Richter und der allgemeinen Geschäftslage der Gerichtsschreiberei gebracht wird. Bei größeren Gerichten kann zur Vermeidung von Störungen im Geschäftsgange verfügt werden, daß zunächst eine Übergangszeit eingehalten werde, in deren Verlaufe die Gerichtsschreiberei schrittweise zur Leistung der vermehrten Schreibarbeit herangezogen wird.

Die Maßregeln zur Entlastung der Richter von Schreibarbeit sind in einer Weise zu treffen, daß schädliche Verzögerungen der Geschäftserledigung sorgfältig vermieden werden.

München, den 9. September 1907.

v. Miltner.

Anhang.

IV.

Nr. 36104.

Bekanntmachung, die Abfassung der Urteile in bürgerlichen Rechtsstreitigkeiten und in Strafsachen betreffend.

(JMBl. 1907 S. 242).

Königliches Staatsministerium der Justiz.

Zahlreiche Wahrnehmungen haben ergeben, daß die Art, wie in bürgerlichen Rechtsstreitigkeiten die auf Grund kontradiktorischer Verhandlung und in Strafsachen die auf Grund der Hauptverhandlung ergehenden Urteile schriftlich abgefaßt werden, dem Sinne des Gesetzes und dem Zwecke der Urteilsabfassung sehr häufig nicht entspricht. Den Gerichten werden deshalb die nachstehenden Bemerkungen zur Berücksichtigung empfohlen.

I.

1. Nach § 313 Abs. 1 Nr. 3 der ZPO. soll der Tatbestand eine gedrängte Darstellung des Sach- und Streitstandes auf Grundlage der mündlichen Vorträge der Parteien unter Hervorhebung der gestellten Anträge sein. Eine verbreitete Übung gibt als „Tatbestand" eine Prozeßgeschichte. Es wird der Inhalt der Klageschrift und der vorbereitenden Schriftsätze wiedergegeben, daran werden die Änderungen und Zusätze angereiht, die sich in der mündlichen Verhandlung ergeben haben, und wenn diese in einer Mehrzahl von Terminen stattgefunden hat, wird das Ergebnis jedes Termins besonders angegeben. Eine solche Prozeßgeschichte ist eine Sammlung des Stoffes für den Tatbestand, aber nicht ein Tatbestand im Sinne des Gesetzes. Zur Anfertigung eines

solchen muß der Stoff zu einer gedrängten Darstellung des Sach- und Streitstandes verarbeitet werden, der gesamte Inhalt der Verhandlungen muß so zusammengefaßt werden, wie er den Gegenstand der richterlichen Beurteilung bildet. Das Bedürfnis der Zusammenfassung des Stoffes wird in der Regel auch von den Urteilsverfassern empfunden, sie beginnen deshalb die „Entscheidungsgründe" mit der Anführung des den Gegenstand der Entscheidung bildenden Sachverhalts, glauben aber dabei von dem Streben nach Vollständigkeit absehen zu können, weil sie die als Tatbestand bezeichnete Prozeßgeschichte vorausgeschickt haben. Die Prozeßgeschichte ist im § 313 der ZPO. überhaupt nicht verlangt, sie gehört auch nicht in das Urteil. Durch sie bekommen die Urteile nicht selten einen übermäßigen Umfang, der die Gerichtsschreiberei mit nutzlosem Schreibwerk beschwert, den Parteien überflüssige Kosten macht und der wünschenswerten Raschheit der Ausfertigung des Urteils hinderlich ist.

Gegenstand der richterlichen Beurteilung ist nur das, was in der mündlichen Verhandlung vorgetragen worden ist, und die mündliche Verhandlung gilt, auch wenn sie in einer Mehrzahl von Terminen stattfindet, rechtlich als Einheit. Im Tatbestand ist deshalb das tatsächliche Vorbringen der Parteien in der Gestalt anzuführen, in der es der richterlichen Beurteilung unterstellt ist. Im Laufe der Verhandlungen vorgenommene Änderungen bedürfen nur insoweit der Erwähnung, als über die Statthaftigkeit der Änderung (Klageänderung, Widerruf eines Geständnisses) oder über eine besondere Rechtsfolge des nachträglichen Vorbringens einer Behauptung (§§ 278, 279, 540 der ZPO.) zu entscheiden ist.

Von der Bezugnahme auf den Inhalt der vorbereitenden Schriftsätze soll nur ausnahmsweise Gebrauch gemacht werden. Eine Verweisung auf Schriftsätze, die eine für den Tatbestand verwendbare Darstellung nicht enthalten, so daß der Leser sich den Tatbestand erst zusammensuchen muß, leistet der Vorschrift des Gesetzes nicht genüge.

Gehen die Parteien übereinstimmend von gewissen Umständen aus, die die Grundlage für die beiderseitigen Aufstellungen bilden, so empfiehlt es sich im allgemeinen, diese Tatsachen voranzustellen und ihnen die Behauptungen folgen zu lassen, auf die die Parteien ihr Anträge stützen.

Rechtsausführungen der Parteien sollen nur insoweit erwähnt werden, als es zum Verständnisse des Standpunkts der Partei erforderlich ist.

2. Die Entscheidungsgründe haben nach der Vorschrift des § 286 Abs. 1 der ZPO. die doppelte Aufgabe, unter Angabe der Gründe, welche für die richterliche Überzeugung leitend gewesen sind, festzustellen, welche tatsächlichen Behauptungen für wahr und welche für nicht wahr erachtet werden, und die aus dem festgestellten Ergebnisse gewonnene Entscheidung in rechtlicher Beziehung zu begründen. Sowohl bei der Feststellung der Tatsachen als bei der rechtlichen Begründung ergehen sich die Urteile zuweilen in weitschweifigen Erörterungen. Kürze und Bestimmtheit sind für die Entscheidungsgründe ebenso wichtige Eigenschaften wie für den Tatbestand. Bei der rechtlichen Begründung genügt es in der Regel, die maßgebenden Gesichtspunkte unter Verweisung auf die Gesetzesstellen und eine oder einige der am meisten gebrauchten wissenschaftlichen Bearbeitungen oder Entscheidungssammlungen hervorzuheben. Nur in Ausnahmsfällen kann es veranlaßt sein, auf Einwendungen einzugehen, die der vom Gericht angenommenen rechtlichen Beurteilung entgegengehalten werden könnten, aber von den Parteien nicht geltend gemacht worden sind, oder neben der für entscheidend erachteten rechtlichen Begründung eine zweite zu versuchen. In der Mehrzahl der Fälle wird ein solches

Streben nach Gründlichkeit nur die unerwünschte Wirkung haben, den Anschein der Unsicherheit des Gerichts hervorzurufen.

Kommt eine streitige Rechtsfrage in Betracht, so ist es nicht Aufgabe des Urteils, sie nach Art einer Abhandlung unter Darlegung der verschiedenen Meinungen und der für sie geltend gemachten Gründe zu erörtern. Besteht eine Ansicht, die als die überwiegende bezeichnet werden kann, und schließt das Gericht sich ihr an, so genügt es in der Regel, diese Stellungnahme auszusprechen. Andernfalls sind die Erwägungen, die dem Gericht als die ausschlaggebenden erscheinen, in ihren Grundzügen darzulegen.

Bei der Anführung von Schriftstellern und gedruckten Entscheidungen ist jedes Übermaß zu vermeiden. Bei der Auswahl ist darauf zu sehen, daß an der angeführten Stelle sich das klar ausgesprochen findet, wofür die Darstellung oder die Entscheidung in Bezug genommen wird.

II.

Der § 266 der StPO. fordert für den Fall der Verurteilung, daß die Gründe des Urteils die für erwiesen erachteten Tatsachen angeben, in denen das Gericht die gesetzlichen Merkmale der strafbaren Handlung gefunden hat. Diese kritische und konstruktive Aufgabe wird nicht dadurch gelöst, daß die Gründe des Urteils eine weitläufige, häufig auch noch durch die Wiedergabe des Eröffnungsbeschlusses eingeleitete Schilderung des Verlaufs der Hauptverhandlung geben, umständlich über die Aussagen der Zeugen und Sachverständigen und über sonstige Vorkommnisse der Hauptverhandlung berichten und an diese Geschichtserzählung unvermittelt eine Schlußfeststellung anknüpfen, die bloß aus der Anführung des Wortlauts des angewendeten Strafgesetzes besteht.

Die Gründe des Urteils haben vielmehr diejenigen Tatsachen, die das Gericht auf Grund der Hauptverhandlung als tatsächlich festgestellt erachtet und als rechtlich bedeutsam erkannt hat, nebst den etwa hierzu gehörenden Beweistatsachen bestimmt und erschöpfend darzustellen. Sie müssen die festgestellten Tatsachen mit dem angewendeten Strafgesetze in eine so klare Beziehung setzen, daß unzweideutig erkennbar wird, welche einzelnen Tatsachen der Feststellung eines jeden einzelnen Tatbestandsmerkmals zu Grunde gelegt wurden. Nur hierdurch wird es dem Revisionsgerichte möglich, zu prüfen, ob jedes Merkmal des Tatbestands die vom Gesetz gewollte Begründung erfahren hat. Fehlt diese Begründung auch nur teilweise, so kann das Urteil ohne weiteres der Aufhebung unterliegen (§ 377 Nr. 7 der StPO.).

Die Anführung von Tatsachen, denen in diesem Sinne wesentliche Bedeutung für die Begründung des Urteils nicht zukommt, ist zwar nicht ausgeschlossen. Solche Tatsachen werden aber in gedrängter Kürze und nur insoweit anzuführen sein, als dies erforderlich ist, um das Verständnis des Zusammenhangs der der Aburteilung zu Grunde liegenden Vorgänge zu vermitteln und die Darstellung abzurunden. Die Aussagen von Zeugen ausführlich wiederzugeben, wird sich nur rechtfertigen lassen, wenn besondere Umstände es erheischen.

Die im Laufe der Hauptverhandlung ergehenden Entscheidungen und ihre Begründung sind nach § 273 Abs. I der StPO. in das Sitzungsprotokoll aufzunehmen. Es ist daher überflüssig, sie im Urteil zu wiederholen. Der Versuch, solche Entscheidungen im Urteile näher zu begründen, führt leicht zu Widersprüchen mit dem Sitzungsprotokoll und ist deshalb zu widerraten. Dies gilt insbesondere von Beschlüssen, durch die Beweisanträge abgelehnt werden.

Das unter Ziffer I Nr. 2 über die sogenannten Even=

tualerwägungen Gesagte trifft auch für die Begründung der Urteile in Strafsachen zu.

Die Begründung der Strafzumessung bewegt sich häufig auch dann in herkömmlichen, zu stehenden Redensarten gewordenen Ausdrücken, wenn zu erwarten wäre, daß auf die Umstände der Tat, auf die Persönlichkeit des Verurteilten oder die vorauszusehende Wirkung der Strafe näher eingegangen würde. Bisweilen werden bei der Strafzumessung Umstände verwertet, ohne die der Tatbestand nicht vorläge. Die sorgfältige Abfassung des die Strafzumessungsgründe enthaltenden Abschnittes des Urteils ist auch um deswillen von Bedeutung, weil sie von selbst zu dem sehr erstrebenswerten Ziel einer möglichst individuellen Beurteilung eines jeden Täters hinführt.

München, den 9. September 1907.

v. Miltner.

Anhang.

V.

Bekanntmachung, den Geschäftsverkehr der Justizbehörden mit dem Auslande betreffend.

(JMBl. 1911 S. 113.)

Königliches Staatsministerium des Königlichen Hauses und des Äußern.

Königliches Staatsministerium der Justiz.

Königliches Staatsministerium der Finanzen.

Die Bekanntmachungen vom 8. Mai 1907 (JMBl. S. 127), 5. Juni 1909 (JMBl. S. 201, 202), 30. August 1909 (JMBl. S. 369), 22. Januar 1910 (JMBl. S. 172), 1. März 1910 (JMBl. S. 185), 25. Mai 1910 (JMBl. S. 613) und 21. Juni 1910 (JMBl. S. 631) werden hiermit durch eine neue Zusammenstellung der Vorschriften über den Geschäftsverkehr mit dem Ausland ersetzt.[1]) Die Vorschriften über das Verfahren zur Erwirkung der Festnahme oder Auslieferung verfolgter Personen werden dadurch nicht berührt.[2])

1. Die Bekanntmachung regelt das Verfahren, das die Justizbehörden einschlagen sollen, wenn sie um Vornahme einer rechtlich bedeutsamen Handlung im Ausland ersuchen. Sie bezieht sich nicht auf das Verfahren der Justizbehörden bei der Erledigung ausländischer Ersuchen. Die Vorschriften darüber sind für Zivilsachen teilweise enthalten im Haager Abkommen über den Zivilprozeß vom 17. Juli 1905, im Reichsgesetze vom 5. April 1909 zur Ausführung dieses Abkommens (RGBl. 1909 S. 430), und in den Regierungserklärungen, die das Haager Abkommen ergänzen; für Strafsachen teilweise in den Auslieferungsverträgen (s. unter F). Außerdem ist Rechtsquelle die völkerrechtliche Übung. Da sich übrigens der völkerrechtliche Verkehr auf dem Boden der Gegenseitigkeit vollzieht, können aus dieser Bekanntmachung häufig Grundsätze für die Behandlung der Anträge des ersuchenden ausländischen Staates abgeleitet werden.

2. Bek. vom 28. Dezember 1908 (JMBl. 1909 S. 2) — Auslieferungen aus dem Auslande — mit ihren Ergänzungen (JMBl. 1909 S. 199, 1910 S. 173, 593, 613, 678, 914). S. auch die Bek. vom 3. Oktober 1909 (JMBl. S. 523; Auslieferungen an das Ausland).

I. Rechtshilfeverkehr.

A. Allgemeine Vorschriften.

§ 1.

Begriff und Arten der Rechtshilfe.

I. Die folgenden Vorschriften beziehen sich auf die Ersuchen um Vornahme gerichtlicher Amtshandlungen im Auslande (Rechtshilfe),[1]) gleichviel ob es sich um Angelegenheiten der streitigen oder um Angelegenheiten der freiwilligen Gerichtsbarkeit[2]) handelt und ob die Ersuchen von einem Gerichte, von einem Notar oder von einer Staatsanwaltschaft ausgehen.

II. Die Rechtshilfe wird nach den Umständen des Falles geleistet von dem zuständigen deutschen Konsul[3])[4]) oder von dem zuständigen Richter in den deutschen Schutzgebieten oder von der zuständigen Behörde des fremden Staates. Mit den deutschen Konsuln und den Richtern der Schutzgebiete verkehren die Justizbehörden in der Regel unmittelbar (näheres §§ 8 f., §§ 12 f.). Mit den Behörden der fremden Staaten verkehren sie teils unmittelbar, teils durch Vermittelung des deutschen Konsuls, teils durch diplomatische Vermittelung.

1. Im weitesten Sinne; ohne Beschränkung auf die im Inlande den Gerichten vorbehaltenen Handlungen, u. a. auch Zustellungen.

2. Über die Benachrichtigung der ausländischen Behörde von der Notwendigkeit einer Vormundschaft s. Art. 8 des Haag. VormAbk. vom 12. Juni 1902 (RGBl. 1904 S. 240). Dazu die Bek. vom 20. Juni 1906 (JMBl. S. 137); internationales Vormundschaftsrecht.

3. Bayerische Konsulate im Auslande bestehen nicht (Reichsverf. Art. 56). Die bayerischen Konsulate in anderen deutschen Bundesstaaten sind am Rechtshilfeverkehr nicht beteiligt. Soweit sonst ein Verkehr mit ihnen erforderlich ist, erfolgt er unmittelbar.

4. Die im Inlande zugelassenen ausländischen Konsulate sind im Bereiche des Haag. ZPrAbk. am Rechtshilfeverkehr als Vermittler der Anträge ihrer Heimatbehörden beteiligt. Für die Beförderung der im Auslande zu erledigenden inländischen Ersuchen sind sie nicht zuständig, auch nicht für die Erledigung solcher Ersuchen. Ihre sonstigen Befugnisse sind häufig in einem Konsularvertrag abgegrenzt. In der Regel verkehren die Justizbehörden mit ihnen unmittelbar: Bek. vom 17. Mai 1910 (JMBl. S. 606). S. ferner die §§ 134 f. der Nachlaßordnung vom 20. März 1903 (internationale Nachlaßbehandlung). Dann § 54 Abs. II, IV dieser Bek.

§ 2.

Form der Ersuchungsschreiben.

I. Die Ersuchen um Rechtshilfe sind in deutscher Sprache abzufassen und auf festem, weißem Papiere gut leserlich niederzuschreiben.[1]) Sie sollen keine Schreibfehler, Durchstreichungen und Abkürzungen (auch nicht bei der Bezeichnung von Gesetzen) enthalten, müssen leicht verständlich gefaßt sein und müssen Zwischensätze und solche Wendungen, die der Übersetzung in die Landessprache der ersuchten Behörde Schwierigkeiten bereiten, möglichst vermeiden. Randschreiben sind unstatthaft.

II. Die Adresse der ersuchten Behörde ist in die Ersuchungsschreiben aufzunehmen, wenn diese im unmittelbaren Geschäftsverkehre befördert oder an einen Gesandten Bayerns oder des Reichs gerichtet werden. In dem Schreiben ist dann der Adresse hinter dem Ortsnamen stets hinzuzufügen: „oder an die sonst zuständige Behörde“. In den sonstigen Ersuchungsschreiben ist die Adresse wegzulassen.

III. Der Unterschrift sind der Amtscharakter und das Amtssiegel beizufügen.

IV. Eil- und Haftsachen sind als solche an einer in die Augen fallenden Stelle zu bezeichnen.

1. Ob mit deutschen oder lateinischen Buchstaben, ist dem Ermessen der Behörde überlassen (s. aber § 41 Abs. I, dann für die äußere Adresse § 4 Abs. II). Für den unmittelbaren Verkehr mit Behörden, denen die deutsche Sprache weniger oder nicht geläufig ist, besonders mit den schweizerischen Behörden im französischen und italienischen Sprachgebiet, den dänischen und den französischen Behörden, empfiehlt sich die Verwendung lateinischer Buchstaben.

§ 3.

Inhalt der Ersuchungsschreiben.

I. Die Ersuchungsschreiben müssen den Gegenstand des Ersuchens vollständig und deutlich bezeichnen und, soweit es zur ordnungsmäßigen Erledigung des Ersuchens erforderlich ist, eine Darstellung des Sachverhalts enthalten. Die Übersendung von Akten zur Erläuterung des Ersuchens ist nur in Ausnahmefällen und nur mit Erlaubnis des Staatsministeriums der Justiz statthaft.[1]) Auch die Mitteilung von Abschriften gerichtlicher Beschlüsse ist zu vermeiden (s. aber § 53 Abs. III). Urkunden sind dem

Ersuchungsschreiben in der Regel in beglaubigter Abschrift beizufügen; die Urschrift darf nur dann übersendet werden, wenn das Ersuchen sonst nicht sachgemäß erledigt werden kann.

II. Die Adressen der Personen, an die eine Zustellung erfolgen oder mit denen verhandelt werden soll, sind in dem Ersuchungsschreiben genau anzugeben. Dies darf nur dann unterbleiben, wenn durch die Ermittelung der Adressen erhebliche Weiterungen entstehen würden (s. wegen Rußlands § 46 Abs. IV, wegen Spaniens § 50 Abs. II).

III. Bemerkungen darüber, ob ein Kostenvorschuß eingefordert oder eingegangen ist, sind zu unterlassen (s. jedoch wegen der Ersuchen an deutsche Konsuln § 19 Abs. I).

IV. Sollen in derselben Rechtshilfesache mehrere gerichtliche Amtshandlungen im Auslande vorgenommen werden, so ist, wenn für deren Vornahme dieselbe Behörde zuständig ist, nur ein einziges Ersuchungsschreiben zu erlassen. Andernfalls sind, wenn nicht ausnahmsweise ein anderes Verfahren für angezeigt erachtet wird, so viele Ersuchungsschreiben zu erlassen, als Behörden für die Erledigung zuständig sind.

1. Unberührt davon bleiben die Vorschriften über die Versendung der Akten an die Behörden des Auslandes auf deren Ersuchen. Darüber bestehen teilweise reichsgesetzliche Vorschriften (s. z. B. § 18 KonsGG., § 2 SchutzgebG. in Verbindung mit §§ 157, 169 GVG., §§ 96, 159 StPO., § 432 ZPO.). Sonst sind für die Übersendung der Akten über Strafverfahren maßgebend die autogr. Entschl. vom 3. Juli 1903 Nr. 24681; für Zivilsachen die Vorschriften der Geschäftsanweisungen für die Gerichtsschreibereien vom 2. März 1910 (AG. § 170, LG. § 61, OLG. § 13).

§ 4.

Beförderung der Ersuchungsschreiben.

I. Ob das Ersuchungsschreiben an die Behörde, die die Amtshandlung vornehmen soll, unmittelbar oder durch Vermittelung des deutschen Konsuls oder durch Vermittelung des Staatsministeriums der Justiz zu befördern ist, entscheidet sich nach den Vorschriften der §§ 8, 11, 12 f., 21.

II. Ersuchungsschreiben, die nicht dem Staatsministerium der Justiz vorgelegt werden, sind von der absendenden Behörde zu frankieren. Die äußere Adresse solcher Ersuchungsschreiben ist mit lateinischen Buchstaben zu schreiben.

III. Ersuchungsschreiben, die durch das Staatsministerium der Justiz befördert werden sollen, sind unverschlossen mit einem Berichte (Begleitbericht) unmittelbar einzureichen.[1]) Der Bericht ist möglichst knapp zu fassen, hat die Rechtsangelegenheit ganz kurz zu bezeichnen und soll in der Regel eine Mitteilung über den Inhalt des Ersuchungsschreibens nicht enthalten. Ist das Staatsministerium der Justiz mit der Rechtssache schon früher befaßt gewesen, so ist darauf hinzuweisen. Auch etwaige Wünsche wegen Erledigung des Ersuchens durch eine bestimmte Behörde sind in den Begleitbericht aufzunehmen.

IV. Ersuchungsschreiben, die an die fremde Landesbehörde durch Vermittelung des deutschen Konsuls befördert werden sollen, sind dem Konsul mit einem Begleitschreiben zu übersenden.[2]) Auf den Inhalt des Begleitschreibens findet der Abs. III entsprechende Anwendung.

1. Also nicht auf dem sog. Dienstwege. Auch die vorgängige Prüfung der Ersuchungsschreiben durch den Landgerichtspräsidenten u. a. (§ 4 der Bek. vom 8. Mai 1907) ist weggefallen; sie ist im § 13 nur für den unmittelbaren Verkehr mit den deutschen Konsulaten aufrechterhalten.

2. Das Begleitschreiben enthält die für den Konsul bestimmten Mitteilungen (s. dazu § 19 Abs. I a. E., § 20 Abs. V). Das Ersuchungsschreiben gibt der Konsul an die fremde Behörde weiter. Bei Zustellungen ist ein besonderes Ersuchungsschreiben nicht erforderlich: § 6 Abs. 1 Ziffer 2.

§ 5.

Änderung der Ersuchen.

Soll ein Ersuchen geändert oder zurückgenommen werden, so ist die ersuchte Behörde unter Bezeichnung der etwaigen Änderungen auf dem Wege, auf dem das Ersuchungsschreiben befördert wurde, unverzüglich davon zu benachrichtigen.

§ 6.

Ersuchen um Zustellungen.[1]) [2])

I. Allgemeines.

1. Ersuchen um Zustellungen im Auslande werden gerichtet an
die Richter in den Schutzgebieten,
an die Behörden des fremden Staates,

an die deutschen Konsuln,
an die diplomatischen Vertreter Bayerns oder des Reichs.

a) Die zuständigen Richter in den deutschen Schutzgebieten werden ersucht bei der Zustellung an Personen, die sich in den Schutzgebieten befinden.

b) Die zuständigen Behörden des fremden Staates werden ersucht, soweit der unmittelbare Geschäftsverkehr mit ihnen zulässig ist (§ 31 Dänemark, § 32 Frankreich, § 38 Luxemburg, § 41 Niederlande, § 43 Österreich, Bosnien und die Herzegowina, § 48 Schweiz).[3]

c) An die deutschen Konsuln wird das Ersuchen gerichtet, wenn der unmittelbare Geschäftsverkehr mit der Landesbehörde nicht gestattet ist und die Person, der zugestellt werden soll, erweislich oder mutmaßlich die Reichsangehörigkeit besitzt. Ohne Rücksicht auf die Staatsangehörigkeit dieser Person wird der deutsche Konsul ersucht, wenn sich die Person, der zugestellt werden soll, im Geltungsbereiche des Haager Abkommens über den Zivilprozeß (s. § 20 Abs. 1) befindet und es sich um eine Zustellung nach Art. 1 Abs. 1 des Abkommens handelt (s. jedoch § 44 Portugal)[4], oder wenn der Konsul Gerichtsbarkeit hat (s. § 15; Ausnahmen § 28 Bulgarien; § 45 Rumänien; § 49 Serbien) oder wenn die Zustellung in Brasilien, in Großbritannien, Irland, den britischen Kolonien oder auswärtigen Besitzungen oder in den Vereinigten Staaten von Amerika erfolgen soll.[5]

d) Kann auch der deutsche Konsul nicht ersucht werden, so ist das Ersuchen um Zustellung an den bei dem fremden Staate beglaubigten diplomatischen Vertreter Bayerns[6]) oder bei dem Mangel eines solchen an den des Reichs zu richten.

2. Den Schreiben an deutsche Konsuln oder an Gesandte, in denen um Zustellung gebeten wird, sind Ersuchungsschreiben an die zuständige Behörde des fremden Staates nicht beizufügen. Dies gilt auch dann, wenn die Zustellung in einem Staate bewirkt werden soll, der an dem Haager Abkommen (s. § 20 Abs. 1) beteiligt ist.[7]

3. In dem Ersuchungsschreiben sind die Rechtssache nebst dem Aktenzeichen, die Person, der zugestellt werden soll, und das zuzustellende Schriftstück genau zu bezeichnen. Dabei ist für den Geltungsbereich des Haager Abkommens anzugeben, ob für den Fall, daß die Annahme des Schriftstücks verweigert

wird, die Zwangszustellung[8]) herbeigeführt werden soll, und in allen Ersuchen an deutsche Konsuln, was über die Staatsangehörigkeit der Person, der zugestellt werden soll, ermittelt ist.[9]) Auf das Schriftstück, das übergeben werden soll, ist unmittelbar unter dem oberen Rande der ersten Seite mit roter Tinte der Vermerk zu setzen: „Zuzustellen an (Name des Adressaten) in (Wohnort des Adressaten).“ Die Urschrift des Schriftstücks oder eine Übersetzung[10]) ist dem Ersuchungsschreiben nicht beizufügen.*)

II. Zustellung von Ladungen.

1. In Ladungen können zwar die prozeßrechtlichen Nachteile hervorgehoben werden, die für die Geladenen durch ihr Ausbleiben im Termin entstehen würden; dagegen sind Strafen und Nachteile anderer Art, z. B. Geldstrafen bei der Ladung von Zeugen, Vorführung und Verhaftung bei der Ladung von Beschuldigten, nicht anzudrohen, weil solche Androhungen sich in der Regel nicht verwirklichen lassen und zu Weiterungen Anlaß geben können. Es sind deshalb die für die Ladungen im Inland üblichen Formulare nicht zu benutzen. Diese Vorschriften finden keine Anwendung, wenn die Ladung im Bezirk eines mit Gerichtsbarkeit ausgestatteten Konsuls einer dieser Gerichtsbarkeit unterworfenen Person zugestellt werden soll.[11])

2. Die Termine sind mit geräumigen Fristen anzuberaumen. Bei Bemessung der Fristen ist auf die örtlichen und die Verkehrsverhältnisse sowie darauf Rücksicht zu nehmen, daß durch die Inanspruchnahme ausländischer Behörden häufig ein erheblicher Zeitverlust entsteht (s. wegen Ungarns § 43 Abs. IV, wegen Rumäniens § 45 Abs. III, wegen Rußlands § 46 Abs. III, wegen Spaniens § 50 Abs. II).[12])

1. Der § 6 gilt nur für Zustellungen in inländischen Sachen. Soll das Amtsgericht für eine ausländische Behörde einen Zeugen vernehmen u. dgl., so benachrichtigt es die ausländische Behörde oder die im Auslande wohnenden Beteiligten von dem Termin oder von sonstigen Verfügungen in der Regel auf dem Wege, auf dem das Ersuchen eintraf. Nach dem Haag. ZPrAbk. ist demnach in der Regel der Konsul des ersuchenden Staates zu benachrichtigen und ihm das Weitere zu überlassen. Die in dem Gebiete des ersuchenden Staates zugelassenen deutschen Konsuln werden in solchen Fällen nicht um die Herbeiführung der Zustellung ersucht.

*) Wegen Frankreichs s. § 32 Abs. II.

2. In Strafsachen ist je nach den Umständen des Falles mit der Ablehnung der Zustellung zu rechnen, wenn das inländische Verfahren gegen einen Angehörigen des ersuchten Staates als Beschuldigten gerichtet ist. Eine einheitliche völkerrechtliche Übung besteht nicht. Für das Verhältnis mit Österreich s. die Bek. vom 23. September 1878 (JMBl. S. 193); über die Zustellung von Strafbefehlen in Ungarn s. die autogr. Entschl. vom 29. Januar 1898 Nr. 2747.

3. Selbst dann, wenn der Empfänger erweislich oder mutmaßlich Deutscher ist. Das schließt aber nicht aus, daß die durch den Konsul bewirkte Zustellung gültig ist; s. dazu Art. 6 Abs. 1 Nr. 3, Abs. 2 Haag. ZPrAbk., Art. 5 der deutsch-niederländischen Vereinbarung vom 31. Juli 1909, Art. IV der deutsch-französischen Vereinbarung vom 29. März 1911.

4. In der Regel diplomatischer Weg.

5. In den letztgenannten Ländern kann der deutsche Konsul nach dem Landesrechte ohne Rücksicht auf die Staatsangehörigkeit des Empfängers zustellen; er bedient sich dabei meist der Vermittlung der Post.

6. S. Bem. 1 zu § 11.

7. Der Konsul ersucht in einem besonderen Schreiben die Landesbehörde um Bewirkung der Zustellung, wenn er sie nicht selbst veranlassen kann.

8. Art. 3 Haag. ZPrAbk. und die ergänzenden Vereinbarungen (§ 20 Abs. I).

9. Auch dann, wenn der Konsul ohne Rücksicht auf die Staatsangehörigkeit zustellen kann. Eingehendere Ermittlungen über die Staatsangehörigkeit sind zu unterlassen.

10. Auch nicht bei Anträgen auf Zwangszustellung (s. dazu § 22 Abs. II und die besondere Vorschrift für den Verkehr mit Frankreich im § 32 Abs. II).

11. § 15. Deutscher oder Schutzgenosse (§ 2 KonsGG.).

12. Dabei ist zu berücksichtigen, daß die Zustellungen im unmittelbaren Verkehr mit den fremden Behörden und durch konsularische Vermittlung in der Regel schneller erfolgen wie auf dem diplomatischen Wege.

§ 7.

Ersuchen um Vernehmungen oder um Abnahme von Eiden.

I. Bei Ersuchen um Vernehmungen oder um Abnahme von Eiden sind in den Ersuchungsschreiben die Personen zu bezeichnen, die nach den inländischen Vorschriften das Recht haben, der Vernehmung oder Eidesabnahme beizuwohnen. Hiervon ist abzusehen, wenn die beteiligten Personen auf Benachrichtigung von dem zur Erledigung des Ersuchens anzuberaumenden Termine verzichtet haben. Ob sie das tun, ist vor der Erlassung des Ersuchungsschreibens festzustellen und in diesem anzugeben. Wird das Schreiben dem Staatsministerium der Justiz eingereicht, so ist in dem Begleitbericht anzuzeigen, daß die Feststellung erfolgt ist.[1])

II. Wenn die Beteiligten auf Benachrichtigung von dem Termine nicht verzichtet haben, ist in dem Ersuchungsschreiben darum zu bitten, daß die ersuchende Behörde, wenn es nach dem ausländischen Rechte zulässig ist, von dem anberaumten Termine rechtzeitig benachrichtigt wird. Die ersuchende Behörde hat dann nach dem Eingange der Benachrichtigung die Beteiligten von dem Termine sofort in Kenntnis zu setzen.[2]) Ist ausnahmsweise, z. B. wenn sich die Beteiligten in dem ausländischen Staate aufhalten, ihre Benachrichtigung von dem Termine durch die ersuchte Behörde angezeigt, so ist diese um Vornahme der Benachrichtigung zu ersuchen.

III. Bei Ersuchen um Vernehmung von Zeugen oder Sachverständigen ist anzugeben, ob die Vernehmung eidlich oder nicht eidlich erfolgen soll[3]) (s. jedoch § 24 Abs. II Niederlande; § 38 Abs. II Luxemburg).

IV. Wird um die Abnahme eines Eides ersucht, so muß das Ersuchungsschreiben außer der Eidesnorm die Eingangsformel und die Eidesformel (s. § 481 der ZPO.) vollständig enthalten.

1. Im allgemeinen gilt die Regel, daß der Termin der Beweisaufnahme der ersuchenden Behörde oder den Parteien nur auf besonderes Verlangen mitgeteilt wird.

2. Verlangt die ausländische Behörde einen Nachweis, so wird er am einfachsten durch ein Zeugnis des Gerichtsschreibers erbracht.

3. Das Verfahren richtet sich gewöhnlich nach dem Rechte des ausländischen Staates; s. dazu § 22 Abs. III.

B. Ersuchen an die Gerichtsbehörden in den deutschen Schutzgebieten.

§ 8.

Beförderung der Ersuchungsschreiben.

I. Ersuchungsschreiben, die in den Schutzgebieten erledigt werden sollen, sind unmittelbar an die zuständige Gerichtsbehörde des Schutzgebietes zu richten und unter der äußeren Adresse des Kaiserlich Deutschen Gouvernements des Schutzgebiets[1]) abzusenden. Ein Schreiben an das Gouvernement wird nicht beigefügt.

II. Hat die ersuchende Behörde Zweifel wegen des Inhalts oder der Form des Ersuchens, so legt sie das Schreiben mit einem Berichte dem Staatsministerium der Justiz vor.

1. Das Gouvernement soll in der Lage sein, das an eine unzuständige Behörde gerichtete Schreiben sofort dem zuständigen Richter zuzuleiten.

§ 9.

Zuständigkeit der Gerichtsbehörden in den Schutzgebieten.

I. Die Zuständigkeit der Gerichtsbehörden in den Schutzgebieten ergibt sich aus dem Schutzgebietsgesetze (RGBl. 1900 S. 813), der Verordnung, betreffend die Rechtsverhältnisse in den deutschen Schutzgebieten, vom 9. November 1900 (RGBl. S. 1005) und der Verordnung, betreffend das Gericht zweiter Instanz für das Schutzgebiet Kiautschou, vom 28. September 1907 (RGBl. S. 735).

II. Nach der Verfügung des Reichskanzlers, betreffend die Ausübung der Gerichtsbarkeit in den Schutzgebieten Afrikas und der Südsee, vom 25. Dezember 1900 (Reichsanzeiger vom 31. Dezember 1900) und nach der Dienstanweisung des Reichskanzlers, betreffend die Ausübung der Gerichtsbarkeit im Kiautschougebiete, vom 1. Juni 1901 (Marine-Verordnungsblatt, Anhang S. XVI) führen die zur Ausübung der Gerichtsbarkeit erster Instanz ermächtigten Beamten in den Schutzgebieten Afrikas und der Südsee die Bezeichnung „Kaiserlicher Bezirksrichter“, in Kiautschou die Bezeichnung „Kaiserlicher Oberrichter“.

§ 10.

Ersuchen um Zwangsvollstreckung in den Schutzgebieten.

Ersuchen an die Gerichtsbehörden der Schutzgebiete um Bewirkung von Zwangsvollstreckungen sind von dem Prozeßgerichte zu erlassen. Den Ersuchungsschreiben ist eine vollstreckbare Ausfertigung der Entscheidung beizufügen, die vollstreckt werden soll.

C. Ersuchen an bayerische und deutsche Gesandte.

§ 11.

Verkehr mit den Gesandten.

Mit den im Auslande beglaubigten diplomatischen Vertretern Bayerns [1]) und des Reichs dürfen die Justizbehörden nicht in unmittelbaren Geschäftsverkehr treten; die Ersuchungsschreiben sind dem Staatsministerium der Justiz vorzulegen. [2])

1. Bayerische Gesandtschaften sind im Ausland in Bern, Paris (zugleich für Belgien), St. Petersburg, Rom, Wien.

2. An die diplomatischen Vertreter werden nur Zustellungsersuchen gerichtet (§ 6 Abs. I Ziff. 1 d). Bei sonstigen Anträgen auf Rechtshilfe, die diplomatisch befördert werden, ist ein Schreiben an den Gesandten usw. nicht anzufertigen. Der Gesandte wendet sich wegen der Rechtshilfe an die fremde Regierung und kann z. B. nicht selbst Zeugen vernehmen, wenn er nicht etwa ausnahmsweise zugleich Konsul ist. Von dem Vorbehalte des Art. 15 Haag. ZPrAbk. wird für die deutschen diplomatischen Vertreter nicht Gebrauch gemacht.

D. Ersuchen an deutsche Konsuln.

§ 12.

Verkehr mit den Konsuln.

Mit den deutschen Konsuln dürfen die Justizbehörden unmittelbar verkehren (Ausnahmen: § 17 Abs. III, § 34 Abs. III, § 36). [1] [2] [3] [4]

1. Sie beantworten auch unmittelbare Anfragen der deutschen Konsulate unmittelbar.

2. Die Schreiben sind nicht an die persönliche Adresse des Konsuls zu senden, sondern an „das Kaiserlich Deutsche Konsulat in X." (lateinische Buchstaben auf der Adresse).

3. Für den Verkehr außerhalb des Gebiets der Rechtshilfe, besonders für Anfragen über ausländisches Recht (s. § 54 Abs. I, III).

4. Wegen des Verkehrs mit den fremden Konsulaten s. Bem. 4 zu § 1.

§ 13.

Vorgängige Prüfung der Schreiben an die Konsuln.

I. Im unmittelbaren Verkehre mit den deutschen Konsulaten [1]) sind die Schreiben an die Konsuln, wenn sie von dem Vorsitzenden einer Kammer des Landgerichts, von einem Untersuchungsrichter, von einem Amtsgericht oder von einem Notar ausgehen, dem Präsidenten des Landgerichts, wenn sie von dem Amtsgerichte München ausgehen, dem Präsidenten dieses Gerichts vor dem Abgange zur Prüfung vorzulegen. Der Präsident prüft, ob das Schreiben den Vorschriften entspricht. Ergeben sich Mängel, die er nicht selbst beseitigen kann, so sorgt er für die Verbesserung. Zum Zeichen dafür, daß das Gesuch ihm vorlag und daß er es zur Beförderung für geeignet erachtet, hat er auf das Schreiben an den Konsul (nicht auf das gegebenenfalls mitvorgelegte, für die fremde Landesbehörde bestimmte Schreiben) den Vermerk zu setzen:

„Gesehen (Datum). Der Landgerichtspräsident (der Amtsgerichtspräsident).“ Der Unterschrift ist das Amtssiegel nicht beizufügen.

II. Bei dem Verkehre der ersuchenden Behörde und der prüfenden Behörde ist unnötiges Schreibwerk zu vermeiden. Ein Bericht der ersuchenden Behörde an die prüfende Behörde ist nur in Ausnahmefällen geboten und zulässig.[2]) Die prüfende Behörde sendet nach der Beisetzung des Vermerks die Vorlage an das Konsulat weiter. Ein Schreiben der prüfenden Behörde an das Konsulat ist nur beizufügen, wenn besondere Umstände es rechtfertigen.[3])

III. Geht das Schreiben an den Konsul von einem Staatsanwalt aus, so ist es dem Oberstaatsanwalte zur Prüfung vorzulegen; das von einem Amtsanwalt ausgehende Schreiben prüft der landgerichtliche Staatsanwalt. Auf die Prüfung und das weitere Verfahren finden die Vorschriften der Abs. I, II entsprechende Anwendung.

IV. In dringenden Sachen bedarf es der vorgängigen Prüfung (Abs. I, III) nicht. In dem Schreiben an den Konsul sind dann die Gründe kurz anzugeben, aus denen die Vorlegung unterblieben ist.

1. Wenn das Schreiben an das Konsulat ausnahmsweise dem Justizministerium vorgelegt wird (s. § 12), fällt die Prüfung durch den Präsidenten usw. weg. Von der Prüfung befreit ist auch der unmittelbare Verkehr mit den fremden Landesbehörden ohne Beschränkung auf Österreich und die Schweiz.

2. In der Regel genügt Absendung unter der äußeren Adresse des Präsidenten usw., der den Zweck der Vorlage ohne weiteres aus ihrem Inhalt ersieht.

3. Wenn z. B. die prüfende Behörde ausnahmsweise Anlaß zu einer aufklärenden Bemerkung hat.

§ 14.

Amtliche Zuständigkeit der Konsuln.

I. Die Zuständigkeit der Konsuln im allgemeinen ergibt sich aus dem Gesetz über die Organisation der Bundeskonsulate vom 8. November 1867 (Bundes-Gesetzbl. S. 137, Beilage zum Gesetzblatte für das Königreich Bayern von 1870/71 S. 45), die der Konsuln mit Gerichtsbarkeit insbesondere aus dem Gesetz über die Konsulargerichtsbarkeit vom 7. April 1900 (RGBl. S. 213) und aus den Anordnungen des Reichskanzlers vom 27. Oktober 1900 über die Konsulargerichtsbarkeit über Schutzgenossen (Zentralblatt für das Deutsche Reich S. 574) und über das Zwangsverfahren wegen Beitreibung der Gerichtskosten in den Konsulargerichtsbezirken (Zentralblatt für das Deutsche Reich S. 576) sowie aus der Dienstanweisung des Reichskanzlers zur Ausführung des Gesetzes über die Konsulargerichtsbarkeit vom 27. Oktober 1900 (Zentralblatt für das Deutsche Reich S. 577).

II. Die deutschen Konsulate und ihre Amts- und Jurisdiktionsbezirke weist das alle Jahre im Verlage von Ernst Siegfried Mittler & Sohn in Berlin neu erscheinende Verzeichnis der Kaiserlich Deutschen Konsulate nach. Die Gerichte und die Staatsanwälte erhalten das Verzeichnis jeweils von dem Staatsministerium der Justiz.

III. Zur Mitwirkung bei dem Vollzuge des Haager Abkommens über den Zivilprozeß (s. § 20 Abs. I) hat der Reichskanzler nur einen Teil der in den Vertragsstaaten zugelassenen Konsuln (die Berufskonsuln und einige Wahlkonsuln) ermächtigt. Die ermächtigten Konsuln sind in dem der Bekanntmachung beigefügten Verzeichnis aufgeführt.*) Mit den nach dem Abkommen zu erledigenden Ersuchen dürfen sich die Justizbehörden nur an die in dem Verzeichnisse stehenden Konsuln wenden.[1]) Gehört der Bezirk eines Konsuls zu dem weiteren Bezirk eines Generalkonsuls, so sind die in dem Bezirke des Konsuls zu erledigenden Ersuchen an diesen, nicht an den Generalkonsul zu richten.[2])

1. Sonst (z. B. bei Zustellungen in Strafsachen) dürfen sie sich auch an die anderen deutschen Konsulate wenden.

2. Weiß die ersuchende Behörde nicht, welcher Konsul örtlich zuständig ist, so richtet sie das Ersuchen an das Generalkonsulat und überläßt ihm mit einer kurzen Bemerkung darüber die Abgabe an den zuständigen Konsul.

§ 15.

Ersuchen an die Konsuln mit Gerichtsbarkeit.

I. Konsulargerichtsbarkeit wird jetzt ausgeübt in Abessinien, Bulgarien,**) China, Korea, Marokko, Persien, Rumänien,***) Ser-

*) [Nicht abgedruckt.]

**) Siehe die Verordnung vom 27. Februar 1908 (RGBl. S. 63) sowie § 15 Abs. IV, § 28.

***) Hier jedoch nicht mehr in vollem Umfange (s. § 15 Abs. IV, § 20 und § 45).

bien,*) Siam, auf den Inseln der Südsee, soweit sie nicht zu einem deutschen Schutzgebiete gehören oder einer vom Reiche anerkannten anderweitigen Gerichtsbarkeit unterworfen sind, und in der Türkei mit Einschluß Egyptens.**)

II. Welche Konsuln mit Gerichtsbarkeit ausgestattet sind, ist aus dem Verzeichnisse der Kaiserlich Deutschen Konsulate (§ 14 Abs. II) zu entnehmen.

III. Soll die Rechtshilfe in einem der im Abs. I bezeichneten Länder (s. jedoch wegen Bulgariens, Rumäniens und Serbiens Abs. IV) geleistet werden, so ist, selbst wenn der Konsul für die eigene Erledigung nicht zuständig ist, doch das Ersuchen an ihn zu richten mit der Bitte um amtliche Verwendung. In der Regel wird der Konsul auch in solchen Fällen die Leistung der Rechtshilfe herbeiführen können.[1]) Hat die konsularische Vermittelung nicht zum Ziele geführt oder scheint von vornherein aus besonderen Gründen diplomatische Vermittelung angemessen zu sein, so ist unter Darlegung dieser Gründe wegen der Herbeiführung der diplomatischen Vermittelung dem Staatsministerium der Justiz zu berichten. Dem Bericht ist eine Denkschrift (§ 54) beizufügen, aus der sich der Sachverhalt, insbesondere der Inhalt des Ersuchens um Rechtshilfe, ergibt.

IV. Handelt es sich um die Leistung von Rechtshilfe in Bulgarien oder Serbien und besitzt die Person, mit der verhandelt werden soll, nicht die Reichsangehörigkeit, so ist das Ersuchungsschreiben unter Weglassung der Adresse (§ 2 Abs. II) dem Staatsministerium der Justiz vorzulegen. In dem Begleitbericht ist anzugeben, was über die Staatsangehörigkeit der Person ermittelt ist, mit der verhandelt werden soll. Das gleiche gilt, wenn innerhalb Rumäniens in einer Strafsache Rechtshilfe geleistet werden soll; im übrigen siehe § 45.

V. Wegen der Ersuchen um Zustellung siehe § 6.

1. Der deutsche Richterkonsul sendet z. B. das Ersuchen an den fremden Konsul, dessen Gerichtsbarkeit der nichtdeutsche Zeuge oder Schwurpflichtige unterworfen ist.

---

*) Siehe Art. XXV des Konsularvertrags mit Serbien vom 6. Januar 1883 (RGBl. S. 62) sowie § 15 Abs. IV und § 49.

**) Siehe die Gesetze vom 30. März 1874 (RGBl. S. 23) und 5. Juni 1880 (a. a. O. S. 145) und die Verordnungen vom 23. Dezember 1875 (a. a. O. S. 381), 23. Dezember 1880 (a. a. O. S. 192), 6. Januar 1901 (a. a. O. S. 3), 4. Februar 1904 (a. a. O. S. 61) und 29. Juni 1908 (a. a. O. S. 469).

§ 16.

Ersuchen an die Konsuln um Vernehmung von Angeklagten.

Die Befugnis zur Vernehmung von Angeklagten, die von der Verpflichtung zum Erscheinen in der Hauptverhandlung entbunden sind,[1]) steht nur den Konsuln mit Gerichtsbarkeit (§ 15) zu.[2]) Dies gilt auch dann, wenn der Angeklagte ein Deutscher ist. Soll die Vernehmung in einem Lande erfolgen, wo Konsulargerichtsbarkeit nicht geübt wird, so ist die zuständige ausländische Behörde um die Vernehmung zu ersuchen[3]) (s. aber für Großbritannien und Irland § 34 Abs. II).

1. § 232 StPO.
2. Weil nur diese strafrichterliche Stellung haben („ersuchter Richter").
3. Dabei ist aber mit der Möglichkeit der Ablehnung des Ersuchens zu rechnen, wenn der Angeklagte dem ersuchten Staate angehört. S. auch die Auslieferungsverträge.

§ 17.

Ersuchen an die Konsuln um Vernehmung von Zeugen oder um Abnahme von Eiden.

I. Außer den Konsuln mit Gerichtsbarkeit sind zur Vernehmung von Zeugen und zur Abnahme von Eiden nur die Konsuln befugt, denen die Ermächtigung hierzu vom Reichskanzler auf Grund des § 20 des Gesetzes vom 8. November 1867 (Bundes-Gesetzbl. S. 137, Beilage zum Gesetzblatte für das Königreich Bayern von 1870/71 S. 45) ausdrücklich erteilt ist.[1]) Die allgemein hierzu ermächtigten Konsuln werden in den Konsulatsverzeichnissen (§ 14 Abs. II) besonders ersichtlich gemacht.

II. Ersuchen um Vernehmung von Zeugen oder um Abnahme von Eiden sind an die nicht mit Gerichtsbarkeit ausgestatteten Konsuln nur dann zu richten, wenn anzunehmen ist, daß der Zeuge oder der Schwurpflichtige ein Deutscher ist, daß er sich an dem Amtssitze des Konsuls oder in dessen unmittelbarer Nähe aufhält und daß er voraussichtlich bereit ist, vor dem Konsul zu erscheinen[2]) (s. jedoch für Großbritannien, Irland, die britischen Kolonien und auswärtigen Besitzungen § 34 Abs. II, III).

III. Liegen die im Abs. II bezeichneten Voraussetzungen vor und ist der Konsul nicht allgemein zur Vernehmung von Zeugen oder zur Abnahme von Eiden ermächtigt, so sind die Ersuchungsschreiben zur Herbeiführung der Ermächtigung dem Staatsministerium der Justiz einzureichen. Die Adresse der ersuchten Behörde ist auch hier in das Ersuchungsschreiben nicht aufzunehmen (§ 2 Abs. II). In dem Begleitbericht ist anzugeben, daß die bezeichneten Voraussetzungen vorliegen. Bestehen hierüber Zweifel, so sind sie mitzuteilen; auch ist anzugeben, ob für den Fall, daß die Ermächtigung nicht erteilt wird, gegen die Weiterbeförderung des Ersuchungsschreibens an die zuständige ausländische Behörde Bedenken bestehen.

IV. Sind Zeugen, die vernommen werden sollen, zur Verweigerung des Zeugnisses berechtigt, so ist hierauf in dem Ersuchungsschreiben hinzuweisen und damit gegebenenfalls die Bitte zu verbinden, die Zeugen über ihr Recht zu belehren.[3])

1. Beschränkte richterliche Befugnisse.

2. Weil der Konsul, der keine Gerichtsbarkeit hat, von wenigen Ausnahmen abgesehen auch seine Landsleute nicht zwingen kann, als Zeugen usw. zu erscheinen. Keine weitläufigen Ermittlungen über die Staatsangehörigkeit. Es genügt die durch die Verhältnisse begründete Vermutung, daß der Zeuge u. a. Deutscher ist.

3. Der Konsul wendet bei der Beweisaufnahme deutsches Recht an.

§ 18.

Urteilsvollstreckung durch Konsuln.

I. Zur Zwangsvollstreckung in bürgerlichen Sachen sind nur die Konsuln mit Gerichtsbarkeit und auch diese nur gegen die ihrer Gerichtsbarkeit unterworfenen Personen befugt. Die Ersuchungsschreiben sind nach § 791 der Zivilprozeßordnung und § 46 des Gesetzes über die Konsulargerichtsbarkeit vom 7. April 1900 (RGBl. S. 213) von dem Prozeßgerichte zu erlassen. Ihnen ist eine vollstreckbare Ausfertigung der Entscheidung, die vollstreckt werden soll, beizufügen.

II. Für die Vollstreckung inländischer Strafurteile gilt Abs. I Satz 1. Die Konsuln[1]) dürfen außerdem auf das unmittelbare Ersuchen der inländischen Behörden nur Geldstrafen und Freiheitsstrafen von nicht mehr als sechs Wochen vollstrecken lassen. Zur Vollstreckung längerer Freiheitsstrafen bedarf es einer Anweisung des Reichskanzlers. Diese ist von der Strafvollstreckungsbehörde in einem Berichte zu erbitten, der dem Staatsministerium der Justiz einzureichen ist.

1. Nur die mit Gerichtsbarkeit ausgestatteten Konsuln (§ 15).

§ 19.

Gebühren und Auslagen der Konsuln.

I. Bei den nicht mit Gerichtsbarkeit ausgestatteten Konsuln werden für die Erledigung der Ersuchen Gebühren und Auslagen nach dem Konsulatsgebührengesetze vom 17. Mai 1910 (RGBl. S. 847) und den §§ 2, 4 des Gesetzes vom 5. April 1909 zur Ausführung des Haager Abkommens über den Zivilprozeß (RGBl. S. 430) erhoben. Zur Deckung dieser Kosten empfiehlt es sich wegen der sonst entstehenden Weiterungen die Erlassung der Ersuchungsschreiben, soweit dies gesetzlich zulässig ist (s. §§ 379, 402 der ZPO., § 84 Abs. 3 des Gerichtskostengesetzes), von der vorgängigen Zahlung eines angemessenen Vorschusses abhängig zu machen. Dabei ist zu beachten, daß als Auslagen im Sinne der bezeichneten Gesetzesstellen auch die Gebühren der Konsuln anzusehen sind.[1]) Wird eine entsprechende richterliche Anordnung nicht getroffen, so ist doch unverzüglich, spätestens gleichzeitig mit der Erlassung der Ersuchungsschreiben, ein angemessener Vorschuß von den Vorschußpflichtigen einzufordern. Die Beitreibung des Vorschusses ist zu beschleunigen. In jedem Falle ist eine Mitteilung über die Einforderung oder den Eingang des Vorschusses und über seinen Betrag in das Schreiben an den Konsul aufzunehmen.

II. Nach dem Eingange der Kostenrechnung sind die Gebühren und die Auslagen des Konsulats (z. B. Postgebühren, Übersetzungskosten, Gebühren der Zeugen und Sachverständigen) zu dem in der Rechnung angegebenen Kassenzeichen sofort an die Legationskasse des Auswärtigen Amtes in Berlin W 8 Wilhelmstraße 75 zu senden. Die Zahlung darf nicht verweigert werden, weil ein Kostenschuldner nicht vorhanden oder weil der Vorschuß nicht eingegangen ist. Die Auslagen des Konsulats sind selbst dann zu erstatten, wenn bei dem Eintreffen der Kostenrechnung schon feststeht, daß alle Personen, die als Kostenschuldner in Betracht kommen, also auch die Beteiligten, die zurzeit nicht Kostenschuldner sind, das Armenrecht haben oder zahlungsunfähig sind. Dagegen hat unter dieser Voraussetzung in Zivilprozeßsachen, in Angelegenheiten der freiwilligen Gerichtsbarkeit und in Privatklagesachen die Zahlung der Gebühren zu unterbleiben. Der Gerichtsschreiber hat dann der Legationskasse eine entsprechende Bescheinigung unverzüglich, in der Regel bei der Zahlung der Konsulatsauslagen, zu übersenden. Sind in den bezeichneten Sachen die Gebühren erstattet worden und werden später die Gerichtskosten nicht zu Soll gestellt oder abgeschrieben, weil allen Kostenschuldnern das Armenrecht bewilligt ist oder weil sie zahlungsunfähig sind, so zahlt die Legationskasse den Betrag der Gebühren auf Grund einer entsprechenden Bescheinigung des Gerichtsschreibers oder des Rentamts kostenfrei und ohne weitere Prüfung zurück. Der Umstand, daß eine Person, die als Kostenschuldner in Betracht kommt, sich außerhalb des Deutschen Reiches aufhält oder daß ihr Aufenthalt nicht bekannt ist, genügt nicht zur Bescheinigung ihrer Zahlungsunfähigkeit. Wird nach der Ausstellung der Bescheinigung die Einziehung der Gerichtskosten möglich, so sind auch die Konsulatsgebühren einzuziehen und der Legationskasse unter kurzer Darlegung des Sachverhalts zu erstatten.[2][3])

III. Wird die Rechtshilfe von Konsuln mit Gerichtsbarkeit geleistet, so richtet sich die Berechnung der Kosten und die Pflicht zu ihrer Erstattung nach den §§ 18, 19, 73 des Gesetzes vom 7. April 1900 (RGBl. S. 213), dem Gerichtskostengesetz und den Gebührenordnungen sowie nach § 165 des Gerichtsverfassungsgesetzes.

1. D. h. im Verhältnisse zu den Beteiligten sind alle Konsulatskosten mit Einschluß der Gebühren Auslagen der Staatskasse.

2. Durch die Beanspruchung der Rechtshilfe wird in der Regel die bayerische Staatskasse Schuldnerin der konsularischen Gebühren und Auslagen. Ob und wie sie sich an den Beteiligten schadlos halten kann, ist ihre Sache. Dieser Grundsatz wird insofern eingeschränkt, als die Staatskasse die Gebühren nicht zu erstatten braucht, wenn sie von den armen oder zahlungsunfähigen Beteiligten nicht einzubringen sind. Die konsularischen Auslagen müssen stets ersetzt werden.

3. Hierdurch sind die Vorschriften der autogr. Entschl. vom 13. November 1902 Nr. 40768 aufgehoben.

E. Ersuchen an ausländische Behörden.

§ 20.

Allgemeines.

I. Der Rechtshilfeverkehr in bürgerlichen Sachen ist durch das Haager Abkommen über den Zivilprozeß vom 17. Juli 1905 (RGBl. 1909 S. 410) zwischen dem Reiche, Belgien, Dänemark, Frankreich, Italien, Luxemburg, den Niederlanden, Norwegen, Österreich, Ungarn, Portugal, Rumänien, Rußland, Schweden, der Schweiz und Spanien vertragsmäßig geregelt. Vereinbarungen, die das Abkommen ergänzen, sind bis jetzt getroffen worden mit den Niederlanden, Luxemburg, Norwegen (RGBl. 1909 S. 908, S. 910, S. 912), mit Schweden, der Schweiz, Österreich, Dänemark (RGBl. 1910 S. 455, S. 674, S. 871) und mit Frankreich (RGBl. 1911 S. 161).[1])

II. Die Rechtshilfe in Strafsachen ist in vielen Auslieferungsverträgen gewährleistet (s. das Nähere unter F bei den einzelnen Ländern).[2])

III. Außerdem ist Rechtshilfe durch fremde Behörden vertragsmäßig für Rheinschiffahrtssachen durch die revidierte Rheinschiffahrtsakte vom 17. Oktober 1868 (RegBl. 1869 S. 1129) nebst dem Zusatzprotokolle dazu vom 18. September 1895 (GVBl. 1898 S. 16) zugesichert.

IV. Auch die Behörden der Kulturstaaten, mit denen Verträge über Rechtshilfe nicht geschlossen sind, leisten diese den deutschen Justizbehörden, soweit sich nicht aus internationalem Gebrauch oder aus Landesgesetzen Beschränkungen ergeben.

V. Ersuchen, die ein deutscher Konsul erledigen kann, sind an diesen und nicht an ausländische Behörden zu richten (s. auch § 15 Abs. III). Wird ein an eine ausländische Behörde gerichtetes Ersuchen dem Konsul zur Weiterbeförderung übersendet, so ist in den dazu geeigneten Fällen dem Konsul in dem Begleitschreiben anheimzustellen, daß er das Ersuchen selbst erledigt, wenn er dazu in der Lage ist.

VI. Nicht erwünscht ist es, einen deutschen Konsul von einer ausländischen Behörde vernehmen zu lassen.[3]) Handelt es sich um die Feststellung von Tatsachen, die von dem Konsul bei der Ausübung seines Amtes wahrgenommen wurden, so empfiehlt es sich, ihn um Erteilung eines schriftlichen Zeugnisses (§ 15 des Gesetzes vom 8. November 1867, Bundes-Gesetzbl. S. 137, Beilage zum Gesetzblatte für das Königreich Bayern von 1870/71 S. 45) zu ersuchen.

1. Das Haager Abkommen vom 14. November 1896 (RGBl. 1899 S. 285) gilt nicht mehr. Die Vorschrift der Bek. vom 13. März 1907 (JMBl. S. 71) über die Vorlegung von Urteilen und Beschlüssen bezieht sich jetzt auf das neue Abkommen.

2. Zur Vermeidung von Mißverständnissen der ausländischen Behörden sollen Privatklagesachen immer ausdrücklich als Strafsachen bezeichnet werden.

3. Obwohl der Konsul nicht exterritorial ist.

§ 21.

Beförderung der Ersuchungsschreiben an fremde Behörden.

I. Die Ersuchungsschreiben an fremde Behörden werden befördert (s. auch § 4)

a) im unmittelbaren Verkehre mit den fremden Behörden,[1]) soweit er ausdrücklich gestattet ist (s. § 31 Dänemark, § 32 Frankreich, § 38 Luxemburg, § 41 Niederlande, § 43 Österreich,[2]) Bosnien und die Herzegowina, § 48 Schweiz),

b) sonst im Geltungsbereiche des Haager Abkommens über den Zivilprozeß durch die Vermittelung der deutschen Konsuln (s. aber Abs. II),

c) im übrigen auf dem diplomatischen Wege durch die Vermittelung des Staatsministeriums der Justiz.

II. Belgien, Italien, Portugal und Rumänien haben von dem Vorbehalte des Art. 9 Abs. 3 des Haager Abkommens über den Zivilprozeß Gebrauch gemacht und verlangen, daß die auf ihrem Gebiete zu erledigenden Ersuchungsschreiben (Art. 8) auf dem diplomatischen Wege übermittelt werden.[3]) Die für die Behörden dieser Staaten bestimmten Ersuchungsschreiben sind deshalb nicht dem deutschen Konsul zu senden, sondern dem Staatsministerium der Justiz vorzulegen.

1. Ohne vorherige Prüfung durch die vorgesetzte Behörde (s. Bem. 1 zu § 13).

2. Mit dem Landgericht in Vaduz (Liechtenstein) verkehren die Justizbehörden unmittelbar wie mit den österreichischen Gerichten.

3. Das gilt nicht umgekehrt für die Ersuchen, die auf Verlangen der bezeichneten Staaten in Deutschland erledigt werden sollen (es tritt nach der Regel die Vermittlung des fremden Konsuls ein).

§ 22.

Sprache und Abfassung der Ersuchungsschreiben an fremde Behörden.

I. Wegen der Form und des Inhalts der Ersuchungsschreiben an fremde Behörden siehe §§ 2, 3.

II. Dem Ersuchungsschreiben ist in der Regel[1]) eine Übersetzung in die fremde Landessprache nicht beizufügen. Dies gilt auch für den Vollzug des Haager Abkommens (§ 20).[2]) Nach Art. 3, 10, 19 des Abkommens müssen die dort bezeichneten Schriftstücke, wenn sie nicht in der Sprache der ersuchten Behörde abgefaßt sind, von einer Übersetzung in diese Sprache begleitet sein; die Übersetzung ist von einem beeidigten Dolmetscher des ersuchten Staates[3]) oder einem Gesandten oder Konsul des ersuchenden Staates zu beglaubigen. In den Fällen der Art. 3, 10 ist es dem mit der Sache zu befassenden diplomatischen Vertreter oder Konsul zu überlassen, daß er die Übersetzung beschafft. Der Gesandte oder Konsul wird für die Anfertigung und die Beglaubigung der Übersetzung auf Kosten der ersuchenden Behörde sorgen.[4]) In den Fällen des Art. 19 (s. § 25 Abs. II) wird auf den Bericht der ersuchenden Behörde die Bayerische Regierung für die Übersetzung sorgen.

III. Zur Vermeidung von Weiterungen ist von dem Ersuchen um Anwendung der Formen des deutschen Verfahrens sowie von der Verweisung auf Vorschriften der deutschen Prozeßgesetze regelmäßig abzusehen. Dies gilt auch den Behörden der an dem Haager Abkommen beteiligten Staaten (§ 20 Abs. I) gegenüber.[5]) Es empfiehlt sich aber, in dem Ersuchungsschreiben gegebenenfalls zu bemerken, daß Zeugen nach deutschem Rechte zur Verweigerung des Zeugnisses berechtigt sind. Es kann dann auch darum ersucht werden, die Zeugen über ihr Recht zu belehren.

1. Einschränkung in § 32 Abs. II (Frankreich).
2. In Strafsachen sorgt nach den Auslieferungsverträgen gewöhnlich die ersuchte fremde Regierung kostenlos für die Übersetzung.
3. Wenn nicht in ergänzenden Vereinbarungen (s. diese mit Schweden, Frankreich) verabredet ist, daß auch ein Dolmetscher des ersuchenden Staates beglaubigen kann.
4. Die Übersetzungskosten müssen auf Verlangen sofort und ohne Rücksicht auf die Zahlungsfähigkeit der Beteiligten ersetzt werden; den Beteiligten gegenüber sind sie Auslagen der Staatskasse.
5. Trotz der Vorschrift in Art. 14 Abs. II des Abkommens.

§ 23.

Erledigung von Beweisbeschlüssen im Auslande durch den Beweisführer.

I. In vielen ausländischen Staaten, z. B. in Belgien, Frankreich, den Niederlanden und Rußland stößt die Erledigung von Ersuchen um Beweisaufnahme auf Schwierigkeiten, wenn die Ersuchen unmittelbar von der Partei bei den ausländischen Behörden gestellt werden. Die Gerichte werden deshalb zweckmäßig dem Beweisführer die Herbeiführung der Beweisaufnahme (§ 364 Abs. 1, 2 der ZPO.) nur dann aufgeben, wenn sie z. B. auf Grund früherer Erfahrungen annehmen können, daß die Behörden des fremden Staates sich der Beweisaufnahme auf Betreiben der Partei anstandslos unterziehen werden. In allen anderen Fällen empfiehlt es sich, daß die Gerichte selbst die Ersuchungsschreiben erlassen und befördern. Dies gilt besonders dann, wenn der Beweisführer dem fremden Staate nicht angehört.

II. Bei Herbeiführung der Beweisaufnahme durch eine Partei tritt die Mitwirkung des Staatsministeriums der Justiz in der Regel nicht ein.

§ 24.

Ersuchen um Zeugenvernehmung in Strafsachen.

I. In Belgien, Frankreich, Luxemburg und Spanien ist nur das nach der Erlassung des Anklagebeschlusses (arrêt d'accusation) wissentlich falsch abgegebene eidliche Zeugnis strafbar. Ersuchen um eidliche Vernehmung von Zeugen in jenen Ländern sind deshalb, wenn es tunlich ist, erst nach der Eröffnung des Hauptverfahrens zu erlassen (wegen der Herbeiführung uneidlicher Vernehmungen in Luxemburg s. § 38 Abs. II). In dem Ersuchungsschreiben ist dann zu bemerken, daß das Hauptverfahren eröffnet ist.

II. In den Niederlanden wird den Zeugen bei Vernehmungen in der Voruntersuchung nur das Versprechen abgenommen, daß sie die Wahrheit sagen werden; auch ist dort die eidliche Vernehmung von Zeugen in Strafsachen regelmäßig nur in Anwesenheit des Beschuldigten zulässig. Hierauf ist bei Erlassung der Ersuchungsschreiben Rücksicht zu nehmen.

§ 25.

Urteilsvollstreckung.

I. Zur Vollstreckung deutscher Urteile in Strafsachen wird von keinem fremden Staate Rechtshilfe geleistet (Ausnahme: Abs. III).[1])

II. In bürgerlichen Sachen werden Kosten- und andere Entscheidungen deutscher Gerichte im Wege der Rechtshilfe (§ 791 der ZPO.) in Österreich, Kostenentscheidungen nach Art. 18 des Haager Abkommens (§ 20 Abs. I) auch in Ungarn vollstreckt (näheres § 43 Abs. VII).[2]) In fast allen anderen Ländern kann die Vollstreckung nur von der Partei in einem besonderen Verfahren erwirkt werden. Jedoch werden die in Art. 18, 19 des Haager Abkommens bezeichneten Kostenentscheidungen innerhalb des Vertragsgebiets von Amts wegen für vollstreckbar erklärt.[3]) Zur Stellung des dazu erforderlichen diplomatischen Antrags[4]) hat das Gericht erster Instanz das Urteil, den Kostenfestsetzungsbeschluß oder die in § 9 des Ausführungsgesetzes zum Haager Abkommen (RGBl. 1909 S. 430) bezeichnete Entscheidung in einer mit der Bescheinigung der Rechtskraft versehenen, ohne Benutzung eines Formulars hergestellten Ausfertigung dem Staatsministerium der Justiz vorzulegen. Die nach dem Abkommen erforderliche Übersetzung ist nicht beizufügen (s. § 22 Abs. II). Für die Schweiz bedarf es der Vollstreckbarkeitserklärung der Kostenentscheidungen nicht; sie können dort von der Partei im gewöhnlichen Betreibungsverfahren zur Vollstreckung gebracht werden.

III. Die Vollstreckung von Entscheidungen der Rheinschiffahrtsgerichte ist in Strafsachen und in bürgerlichen Sachen durch den Art. 40 der revidierten Rheinschiffahrtsakte vom 17. Oktober 1868 (RegBl. 1869 S. 1129; s. das Zusatzprotokoll vom 18. September 1895, GVBl. 1898 S. 16) auch in den beteiligten fremden Staaten gewährleistet.

1. Durch Vermittlung des deutschen Konsuls kann der Verurteilte in der Regel nur zur freiwilligen Zahlung seiner Geldschuld (Geldstrafe, Kosten) gemahnt werden. Wegen der Konsuln mit Gerichtsbarkeit s. § 18 Abs. II.

2. Ungarn geht insofern über das Haager Abkommen hinaus, als es die deutschen Kostenentscheidungen nach Art. 18 nicht vollstreckbar erklärt (eine solche Vollstreckungserklärung ist dem ungarischen wie auch dem österreichischen Rechte fremd), sondern auf Ersuchen des deutschen Gerichts (diplomatischer Weg!) sofort vollstreckt.

3. Nur die Kostenentscheidungen nach Art. 18 Haag. ZPrAbk., nicht anwendbar auf Entscheidungen, die den Beklagten zu den Kosten verurteilen.

4. Diplomatische Vermittlung auch für den Verkehr mit Dänemark, Frankreich, Luxemburg und den Niederlanden, weil sich die besonderen Vereinbarungen über den unmittelbaren Verkehr (§ 20 Abs. I) hierauf nicht erstrecken. Unmittelbarer Verkehr des Gerichts mit Österreich (Antrag auf Vollstreckung, nicht auf Vollstreckbarkeitserklärung). Die Herbeiführung der Kostenvollstreckung in der Schweiz wird der Partei überlassen (Abs. II a. E.).

F. Rechtshilfeverkehr mit einzelnen fremden Ländern.

§ 26.

Belgien.[1])

I. Die Rechtshilfe in Strafsachen regelt sich nach dem Auslieferungsvertrage zwischen dem Reiche und Belgien vom 24. Dezember 1874 (RGBl. 1875 S. 73) Art. 13 bis 15.

II. Belgien ist an dem Haager Abkommen über den Zivilprozeß beteiligt; es hat von dem Vorbehalte des Art. 9 Abs. 3 des Abkommens Gebrauch gemacht (s. § 20 Abs. I, § 21 Abs. II).[2])

III. Wegen der Erledigung von Beweisbeschlüssen durch die Partei s. § 23, wegen der Ersuchen um Zeugenvernehmung in Strafsachen s. § 24 Abs. I.

1. Wegen der Auskunft über Landesrecht s. § 34 Abs. III.
2. Zustellungen vermittelt der deutsche Konsul.

§ 27.

Brasilien.

I. Die Rechtshilfe in Strafsachen regelt sich nach dem Auslieferungsvertrage zwischen dem Reiche und Brasilien vom 17. September 1877 (RGBl. 1878 S. 293) Art. 14 bis 16.

II. Wegen der Ersuchen um Zustellungen s. § 6 Abs. I Ziff. 1c.

III. Für Rechtshilfe in bürgerlichen Sachen berechnen die brasilianischen Gerichte Gebühren und Auslagen von solcher Höhe, daß die Kosten selten unter 150 Mark betragen. Hierauf ist bei Bemessung des Kostenvorschusses Rücksicht zu nehmen. In dem Begleitbericht ist anzuzeigen, welcher Vorschuß eingefordert worden und eingegangen ist.

§ 28.

Bulgarien.

I. Ersuchen um Zustellungen an Deutsche sind an den deutschen Konsul zu richten, in dessen Jurisdiktionsbezirke die Person sich befindet; andere Ersuchen um Zustellungen sind an den deutschen Gesandten in Sofia zu richten. In den Ersuchungsschreiben ist anzugeben, was über die Staatsangehörigkeit der Person ermittelt ist, der zugestellt werden soll.

II. Wegen der sonstigen Ersuchen um Rechtshilfe s. § 15 Abs. IV. Die Rechtshilfe erfolgt regelmäßig kostenfrei; jedoch entstehen Kosten durch die Übersetzung der Ersuchungsschreiben.[1])

1. Die Übersetzung wird gewöhnlich in Sofia angefertigt.

§ 29.

Chile.

Bei der Erledigung von Ersuchen in bürgerlichen Sachen durch chilenische Justizbehörden entstehen erhebliche Kosten; hierauf ist bei Bemessung des Kostenvorschusses Rücksicht zu nehmen.

§ 30.

Columbien.

Wegen der Rechtshilfe in Strafsachen s. den Freundschafts-, Handels- und Schiffahrtsvertrag zwischen dem Reiche und dem Freistaate Columbien vom 23. Juli 1892 (RGBl. 1894 S. 471) Art. 23.

§ 31.

Dänemark.

I. Für Rechtshilfe in Strafsachen berechnen die dänischen Justizbehörden Auslagen; Zustellungen werden aber kostenfrei bewirkt.

II. Dänemark ist an dem Haager Abkommen über den Zivilprozeß beteiligt (s. § 20 Abs. I). Nach der ergänzenden Vereinbarung vom 1. Juni 1910 (RGBl. S. 871) ist den deutschen und den dänischen Behörden für Zustellungsersuchen und sonstige Ersuchen um Rechtshilfe der unmittelbare Verkehr gestattet.[1] Die in Dänemark zu erledigenden Ersuchen sind mit einem Begleitschreiben an die im Art. 2 der Vereinbarung bezeichnete dänische Behörde zu senden. Nach Art. 5 Abs. 1 der Vereinbarung werden Zwangszustellungen (Art. 3 des Haager Abkommens) kostenfrei bewirkt, wenn sie nur für den Fall beantragt werden, daß das im Art. 2 des Abkommens geregelte Verfahren (die Übergabe des Schriftstücks an den Empfänger ohne Anwendung von Zwang) nicht zur Zustellung führt. Anträge auf Zwangszustellungen in Dänemark sind deshalb bei der zuständigen dänischen Behörde regelmäßig in dieser bedingten Form zu stellen. Eine Übersetzung der zuzustellenden Schriftstücke ist jedoch auch dann erforderlich, wenn die Zwangszustellung in bedingter Weise beantragt wird; sie wird von der dänischen Behörde auf Kosten der ersuchenden Behörde beschafft (Art. 3 Abs. 2). Art. 5 Abs. 2 der Vereinbarung enthält einen Verzicht auf die Erstattung der Zeugengebühren.[2]

III. Bei Ersuchen um Zeugenvernehmungen in bürgerlichen Sachen ist es für das dänische Verfahren wichtig, welche Partei die Vernehmung veranlaßt hat. In dem Ersuchen soll daher die beweisführende Partei als solche bezeichnet sein.

IV. Wegen der Frankierung der Schreiben siehe § 4 Abs. II.

1. Diplomatischer Weg für die Vermittlung der Vollstreckbarkeitserklärung von Kostenentscheidungen, s. Bem. 4 zu § 25.

2. Die Gebühren für Sachverständige sind zu ersetzen.

§ 32.

Frankreich.

I. Die Rechtshilfe in Strafsachen regelt sich nach dem Auslieferungsvertrage zwischen Bayern und Frankreich vom 29. November 1869 (RegBl. S. 2281) Art. 12 bis 14. Ersuchen in Strafsachen mit Ausnahme der Ersuchen um Zustellungen [1]) werden von den französischen Behörden nur erledigt, wenn sie von einem Gericht ausgehen. Wegen der Ersuchen um Zeugenvernehmung siehe § 24 Abs. I.

II. Frankreich ist an dem Haager Abkommen über den Zivilprozeß beteiligt (s. § 20 Abs. I). Nach der ergänzenden Vereinbarung vom 29. März 1911 (RGBl. S. 161) [1]) ist den deutschen und den französischen Behörden für Zustellungsersuchen und sonstige Ersuchen um Rechtshilfe der unmittelbare Verkehr gestattet. [2]) Die in Frankreich zu erledigenden Ersuchen sind mit einem Begleitschreiben an den örtlich zuständigen französischen Staatsanwalt (Procureur) zu senden (Art. II Abs. 2). Die Begleitschreiben sind nach den der Vereinbarung beigegebenen Mustern abzufassen. Der ersuchenden Behörde steht es frei, die nach Art. 3, 10 des Haager Abkommens erforderliche Übersetzung des Schriftstücks, das zwangsweise zugestellt werden soll, oder des für das französische Gericht bestimmten Ersuchungsschreibens durch einen inländischen Dolmetscher anfertigen zu lassen oder ihre Beschaffung der ersuchten Behörde zu überlassen (s. Art. III der Vereinbarung). [3]) Auf Art. V (Verzicht auf die Erstattung von Zeugengebühren) [4]) und Art. VI (Kostenersatz) wird besonders aufmerksam gemacht.

III. Wegen der Erledigung von Beweisbeschlüssen durch die Partei siehe § 23. Wegen der Frankierung der Schreiben siehe § 4 Abs. II.

1. Zustellungen in Strafsachen erfolgen auf dem diplomatischen Wege, wenn der deutsche Konsul nicht ersucht werden kann. Von der nach Art. 13 Abs. 2 des Auslieferungsvertrages bestehenden Möglichkeit, den französischen Staatsanwalt unmittelbar zu ersuchen, ist kein Gebrauch zu machen. Für Zivilsachen s. Abs. II.

2. Diplomatischer Weg für die Vermittlung der Vollstreckbarkeitserklärung von Kostenentscheidungen, s. Bem. 4 zu § 25.

3. Ausnahme von § 22 Abs. II.

4. Die Sachverständigengebühren werden ersetzt.

§ 33.[1])

Griechenland.

I. Die Rechtshilfe in Strafsachen regelt sich nach dem Auslieferungsvertrage zwischen dem Reiche und Griechenland vom 12. März / 27. Februar 1907 (RGBl. S. 545) Art. 15 bis 18.

II. Die Rechtshilfe in bürgerlichen Sachen erfolgt regelmäßig kostenfrei; jedoch entstehen Kosten durch die Übersetzung der Ersuchungsschreiben.

1. Wegen der Auskunft über Landesrecht s. § 54 Abs. III.

§ 34.[1])

Vereinigtes Königreich von Großbritannien und Irland nebst den britischen Kolonien und auswärtigen Besitzungen.

I. Ersuchen um Rechtshilfe sind an britische Justizbehörden wegen der Weiterungen, die dabei leicht entstehen, nicht zu richten. Soll dies ausnahmsweise doch geschehen, so ist bei der Vorlegung des Ersuchungsschreibens an das Staatsministerium der Justiz über die dafür maßgebenden Gründe zu berichten.

II. Um Leistung von Rechtshilfe, insbesondere um die Vernehmung von Zeugen oder Sachverständigen und um die Abnahme von Eiden sind die deutschen Konsuln zu ersuchen. Diese sind regelmäßig in der Lage, die Rechtshilfe entweder selbst zu leisten oder deren Leistung bei den Landesbehörden zu erwirken. Die Vernehmung von Beschuldigten läßt sich überhaupt nicht erreichen.

III. Soll die Rechtshilfe in Großbritannien oder Irland geleistet werden, so ist das Ersuchungsschreiben an den deutschen Generalkonsul in London zu richten. In dem Schreiben ist zu beantragen, daß das Ersuchen nach deutschem Rechte erledigt[2]) und die aufgenommene Verhandlung unmittelbar an das ersuchende Gericht geschickt wird. Handelt es sich um die Leistung von Rechtshilfe in einer britischen Kolonie oder auswärtigen Besitzung, so ist das Ersuchungsschreiben, dessen Adresse offen zu lassen ist, nicht dem Konsul unmittelbar zu senden, sondern dem Staatsministerium der Justiz vorzulegen. In dem Begleitbericht ist anzugeben, ob die Person, die vernommen werden oder einen Eid leisten soll, die Reichsangehörigkeit besitzt oder ob sie, wenn dies nicht der Fall ist, voraussichtlich bereit sein wird, vor dem Konsul zu erscheinen.

IV. Die Schreiben, in denen um eine Zustellung ersucht wird, sind ohne Ausnahme an den örtlich zuständigen deutschen Konsul zu richten; sie sind jedoch mit der äußeren Adresse des deutschen Generalkonsuls in London abzusenden, falls die Zustellung in Großbritannien oder Irland bewirkt werden soll.

V. Vernehmungen von Zeugen und Sachverständigen sind meistens mit sehr erheblichen Kosten verbunden; hierauf ist bei Bemessung des Kostenvorschusses Rücksicht zu nehmen.

1. Wegen der Auskunft über Landesrecht s. § 54 Abs. III.
2. Ausnahme von § 22 Abs. III S. 1.

§ 35.

Italien.

I. Die Rechtshilfe in Strafsachen regelt sich nach dem Auslieferungsvertrage zwischen dem Reiche und Italien vom 31. Oktober 1871 (RGBl. S. 446) Art. 12 bis 14.

II. Italien ist an dem Haager Abkommen über den Zivilprozeß beteiligt; es hat von dem Vorbehalte des Art 9 Abs. 3 des Abkommens Gebrauch gemacht (s. § 20 Abs. I, § 21 Abs. II).[1]

1. Zustellungen vermittelt der deutsche Konsul.

§ 36.

Japan.

Die Ersuchungsschreiben mit Einschluß der Ersuchen um Zustellungen sind stets dem Staatsministerium der Justiz vorzulegen. Der unmittelbare Verkehr mit den dortigen deutschen Konsuln ist nicht gestattet.

§ 37.

Kuba.

Zustellungen werden kostenfrei bewirkt.

§ 38.

Luxemburg.

I. Die Rechtshilfe in Strafsachen regelt sich nach dem Auslieferungsvertrage zwischen dem Reiche und Luxemburg vom 9. März 1876 (RGBl. S. 223) Art. 13 bis 15.[1]

II. Wegen der Ersuchen um Zeugenvernehmung in Strafsachen siehe § 24 Abs. I. Die uneidliche Vernehmung von Zeugen durch die Gerichte ist nach luxemburgischen Rechte sowohl in Strafsachen wie in bürgerlichen Sachen nur wegen Verwandtschaft des Zeugen mit einem Beteiligten zulässig; sonst kann die uneidliche Vernehmung nur auf dem Verwaltungswege durch die Polizei erfolgen.

III. Luxemburg ist an dem Haager Abkommen über den Zivilprozeß beteiligt (s. § 20 Abs. I). Nach der ergänzenden Vereinbarung vom 1. August 1909 (RGBl. S. 910) ist den deutschen und den luxemburgischen gerichtlichen Behörden für Zustellungsersuchen und sonstige Rechtshilfeersuchen der unmittelbare Geschäftsverkehr gestattet.[2]) Die Ersuchen, die in Luxemburg erledigt werden sollen, sind mit Begleitschreiben dem örtlich zuständigen luxemburgischen Staatsanwalt zu übersenden (Art. 2 der Vereinbarung). Zwangszustellungen (Art. 3 des Haager Abkommens) werden kostenfrei bewirkt, wenn sie nur für den Fall beantragt werden, daß das im Art. 2 des Abkommens geregelte Verfahren (die Übergabe des Schriftstücks an den Empfänger ohne Anwendung von Zwang) nicht zur Zustellung führt. Anträge auf Zwangszustellungen sind deshalb regelmäßig in dieser bedingten Form zu stellen. Es empfiehlt sich weiter, mit dem Ersuchen um Zustellung stets den bedingten Antrag auf Zwangszustellung zu verbinden, da den dort zuzustellenden Schriftstücken Übersetzungen auch im Falle der Zwangszustellung nicht beizufügen sind (Art. 3 der Vereinbarung), Kosten also überhaupt nicht erwachsen. Der Art. 5 Abs. 2 der Vereinbarung enthält einen Verzicht auf die Erstattung der Zeugengebühren.[3])

IV. Wegen der Frankierung der Schreiben siehe § 4 Abs. II.

1. Strafregisterauszüge dürfen den luxemburgischen Behörden nicht unmittelbar erteilt werden (s. dazu MABl. 1910 S. 582).

2. Diplomatischer Weg für die Vermittlung der Vollstreckbarkeitserklärung von Kostenentscheidungen, s. Bem. 4 zu § 25.

3. Die Gebühren für Sachverständige sind zu ersetzen.

§ 39.

Mexiko.

I. Sollen Ersuchen in bürgerlichen Sachen durch mexikanische Justizbehörden erledigt werden, so bedürfen sie und die Anlagen der Schreiben der Beglaubigung auf dem diplomatischen Wege. Sie sind deshalb in der Regel zunächst dem Präsidenten des Landgerichts mit dem Ersuchen um Beglaubigung [1]) und dann von diesem dem Staatsministerium der Justiz vorzulegen. Zur Ersparung von Kosten sollen die Anlagen mit dem Ersuchungsschreiben durch Schnur und Siegel verbunden und am Schlusse einheitlich beglaubigt werden.

II. Zu den Kosten der Legalisation kommen noch Übersetzungs-, Stempel- und Sachwalterkosten.

1. Art. 31 AGzGVG.

§ 40.

Monaco.

I. Die Rechtshilfe erfolgt kostenfrei; jedoch entstehen Kosten durch die Übersetzung der Ersuchungsschreiben.

II. Schreiben, in denen um eine Zustellung in Monaco ersucht wird, sind an den deutschen Konsul in Nizza zu richten.

§ 41.[1])

Niederlande.

I. Alle für die niederländischen Behörden bestimmten Schriftstücke sind mit lateinischen Buchstaben zu schreiben.

II. Die Rechtshilfe in Strafsachen regelt sich nach dem Auslieferungsvertrage zwischen dem Reiche und den Niederlanden vom 31. Dezember 1896 (RGBl. 1897 S. 731) Art. 12 bis 14, 18; nach Art. 12 Abs. 2 ist bei Ersuchen um Vernehmung von Zeugen (s. dazu § 24 Abs. II) oder um Vornahme sonstiger Untersuchungshandlungen in dringenden Fällen der unmittelbare Schriftwechsel gestattet. Ein unmittelbarer Geschäftsverkehr mit niederländischen Justizbehörden findet ferner nach Maßgabe der Bekanntmachung vom 13. Januar 1910 (JMBl. S. 152) statt. Privatklagesachen sind nicht als solche, sondern als Strafsachen in den Ersuchungsschreiben zu bezeichnen.

III. Die Niederlande sind am Haager Abkommen über den Zivilprozeß beteiligt (s. § 20 Abs. I). Nach der ergänzenden Vereinbarung vom 31. Juli 1909 (RGBl. S. 908) ist den deutschen und den niederländischen gerichtlichen Behörden für Zustellungsersuchen und sonstige Rechtshilfeersuchen der unmittelbare Geschäftsverkehr gestattet.[2]) Die Ersuchen, die in den Niederlanden erledigt werden sollen, sind mit Begleitschreiben dem Staatsanwalt (Officier van Justitie) bei dem örtlich zuständigen Arrondissementsgerichte zu übersenden (s. das Verzeichnis im Justizministerialblatte 1899 S. 366). Von der dem Deutschen Reiche im Art. 1 Abs. 2 der Vereinbarung eingeräumten Befugnis, die Mitteilung von Urkunden nach Art. 1 Abs. 1 des Haager Abkommens durch den Konsul bei der niederländischen Behörde beantragen zu lassen, soll kein Gebrauch gemacht werden. Zwangszustellungen (Art. 3 des Haager Abkommens) werden in den Niederlanden — von den Kosten für die Übersetzung des zuzustellenden Schriftstücks abgesehen — kostenfrei bewirkt, wenn sie nur für den Fall beantragt werden, daß die Zustellung durch einfache Übergabe (Art. 2 des Abkommens) nicht zum Ziele führt. Es empfiehlt sich deshalb, Zwangszustellungen regelmäßig in dieser bedingten Form zu beantragen. Der Art. 6 Abs. 2 der Vereinbarung enthält einen Verzicht auf die Erstattung der Zeugengebühren.[3])

IV. Für die Rechtshilfe in Rheinschiffahrtssachen ist der Art. 40 der revidierten Rheinschiffahrtsakte vom 17. Oktober 1868 (Reg.-Bl. 1868 S. 1129) maßgebend (s. das Zusatzprotokoll vom 18. September 1895, GVBl. 1898 S. 16 und § 20 Abs. III, § 25 Abs. III). In derartigen Angelegenheiten findet zwischen den Rheinschiffahrtsgerichten und den niederländischen Behörden unmittelbarer Schriftwechsel statt; die Ersuchungsschreiben sind an die niederländischen Kantongerichte zu richten.

V. Wegen der Erledigung von Beweisbeschlüssen durch die Partei s. § 23, wegen der Frankierung der Schreiben s. § 4 Abs. II.

1. Wegen der Auskunft über Landesrecht s. § 54 Abs. III.
2. Diplomatischer Weg für die Vermittlung der Vollstreckbarkeitserklärung von Kostenentscheidungen, s. Bem. 4 zu § 25.
3. Die Gebühren für Sachverständige sind zu ersetzen.

§ 42.

Norwegen.

I. Die Rechtshilfe in Strafsachen regelt sich nach dem Auslieferungsvertrage zwischen dem Reiche und Schweden und Norwegen vom 19. Januar 1878 (RGBl. S. 110) Art. 12 bis 14; s. auch den Zusatzvertrag zwischen dem Reiche und Norwegen vom 7. März 1907 (a. a. O. S. 239).

II. Norwegen ist am Haager Abkommen über den Zivilprozeß beteiligt (s. § 20 Abs. I). Nach der ergänzenden Vereinbarung vom 2. August 1909 (RGBl. S. 912) werden Zwangszustellungen (Art. 3 des Abkommens) — von den Kosten für die Übersetzung des zuzustellenden Schriftstücks abgesehen — kostenfrei bewirkt, wenn sie nur für den Fall beantragt werden, daß die Zustellung durch einfache Übergabe (Art. 2 des Abkommens) nicht zum Ziele führt. Es empfiehlt sich deshalb Zwangszustellungen regelmäßig in dieser bedingten Form zu beantragen. Der Art. 2 Abs. 2 der Vereinbarung enthält einen Verzicht auf die Erstattung von Zeugengebühren.[1])

1. Auf die Sachverständigengebühren ist nicht verzichtet.

§ 43.

Österreich-Ungarn.

I. Zwischen den bayerischen und den österreichischen Justizbehörden ist der unmittelbare Schriftwechsel zulässig. Ein Verzeichnis der österreichischen Gerichte ist im JMBl. 1907 S. 160 f. veröffentlicht. Die Beförderung auf diplomatischem Wege ist nur dann nachzusuchen, wenn sie aus besonderen Gründen, z. B. wegen sprachlicher Schwierigkeiten, angezeigt erscheint. Ein unmittelbarer Geschäftsverkehr findet ferner in Rechtssachen, die den Schutz des gewerblichen Eigentums betreffen, zwischen den bayerischen Gerichten und dem österreichischen Patentamt und Patentgerichtshofe statt. Mit den ungarischen Behörden verkehren die bayerischen Justizbehörden in bürgerlichen Sachen durch die Vermittelung des zuständigen deutschen Konsuls, sonst auf dem diplomatischen Wege.[1]) Auch der Verkehr mit den ungarischen Waisenbehörden vollzieht sich auf dem diplomatischen Wege.[2])

II. Im Rechtshilfeverkehr zwischen den bayerischen Justizbehörden und den Justizbehörden Bosniens und der Herzegowina erfolgt der Schriftwechsel durch Vermittelung der Landesregierung in Sarajewo;[3]) an diese sind daher die für die bosnisch-herzegowinischen Behörden bestimmten Ersuchungs- und Antwortschreiben zu richten. Nur bei eiligen Ersuchen in Strafsachen ist ein unmittelbarer Geschäftsverkehr zwischen den beiderseitigen Justizbehörden gestattet (s. das Verzeichnis der Gerichte Bosniens und der Herzegowina im JMBl. 1907 S. 174).

III. Österreich-Ungarn ist an dem Haager Abkommen über den Zivilprozeß beteiligt (s. § 20 Abs. 1). Die ergänzende Vereinbarung (RGBl. 1910 S. 871) ist nur mit der Österreichischen, nicht auch mit der Ungarischen Regierung getroffen worden.

IV. Ersuchen um Zustellungen werden, soweit nicht eine Zwangszustellung (Art. 3 des Haager Abkommens) beantragt wird, von den ungarischen Justizbehörden nur in der Weise erledigt, daß die Person, der das Schriftstück ausgehändigt werden soll, aufgefordert wird, es binnen acht Tagen persönlich oder durch einen Bevollmächtigten an der Gerichtsstelle abzuholen, widrigenfalls angenommen werde, daß sie die Empfangnahme des Schriftstücks ablehnt und mit dessen Zurücksendung an die ersuchende Gerichtsbehörde einverstanden ist. Wenn die Partei zur Abholung des Schriftstücks erscheint, wird ihr von der ungarischen Gerichtsbehörde der Inhalt mitgeteilt und sie darauf aufmerksam gemacht, daß sie das Schriftstück annehmen oder die Annahme ablehnen kann.[4]) Es sind deshalb bei Ladungen die Termine in der Regel mit einer Frist von mindestens sechs Wochen anzuberaumen.

V. Der Ersatz der Kosten für die Rechtshilfe in Zivilsachen findet fortan ausschließlich nach Maßgabe des Haager Abkommens und der ergänzenden Vereinbarung statt, nicht mehr nach der Übereinkunft vom 4./17. Januar 1852 über die Aufhebung der gegenseitigen Kostenvergütung in zivil- und strafrechtlichen Requisitionsfällen (Reg.-Bl. S. 107). Es ist deshalb zu beachten, daß die deutsch-österreichische Vereinbarung zwar einen Verzicht auf die gegenseitige Erstattung der Zeugengebühren enthält, nicht aber einen Verzicht auf die Erstattung der Sachverständigengebühren. Die Sachverständigengebühren sind dem ersuchten Staate auch in Armensachen zu ersetzen.

VI. In Strafsachen werden Ersuchen um Zustellungen kostenfrei erledigt. Im übrigen richtet sich die Behandlung der Kosten der Rechtshilfe in Strafsachen nach der im Abs. V bezeichneten Übereinkunft vom 4./17. Januar 1852. Dazu wird bemerkt, daß die ungarischen Behörden für die Übertragung der Ersuchungsschreiben in die Landessprache regelmäßig Übersetzungskosten berechnen.

VII. Wegen der Vollstreckung gerichtlicher Entscheidungen in Österreich, Ungarn, Bosnien und der Herzegowina siehe § 25 Abs. II,[5]) ferner die Bekanntmachungen vom 10. April 1900 (JMBl. S. 795), 25. Mai 1904 (JMBl. S. 110) und 1. Januar 1905 (JMBl. S. 3). Einer Vollstreckbarkeitserklärung (s. auch Art. 19 des Haager Abkommens über den Zivilprozeß) bedürfen die deutschen Entscheidungen nicht. Vielmehr sucht das deutsche Gericht auf dem für den Einzelfall vorgeschriebenen Wege sofort bei dem fremden Gericht um die Bewilligung der Vollstreckung nach. Dabei müssen die Vollstreckungsmittel und die Vermögensteile, auf die Exekution geführt werden soll, sowie der Ort, wo sie sich befinden, bezeichnet werden (z. B. „Pfändung und Verkauf der im Gewahrsam des Verpflichteten befindlichen beweglichen Sachen"). In Ungarn empfiehlt es sich, überdies anzugeben, ob der Vollzug von Amts wegen oder unter Intervention des Exekutionswerbers gewünscht wird (§ 20 des Gesetzesartikel LX vom Jahre 1881). Über die Vollstreckung in Forderungen gegen öffentliche Kassen oder in gerichtlich hinterlegte Beträge sowie in Grundstücke findet sich für Ungarn Näheres in den §§ 84, 135, 203 a. a. O.

VIII. Wegen Frankierung der Schreiben im unmittelbaren Geschäftsverkehre siehe § 4 Abs. II und Regierungs-Blatt 1873 S. 1593.

1. In wirklich dringenden Fällen wird ein im Interesse der Sache liegender unmittelbarer Verkehr wohl nicht beanstandet werden. Sonst ist er schon deshalb unzulässig, weil die ungarischen Behörden auf unmittelbares Ersuchen in der Regel durch Vermittlung ihrer Regierung antworten. Für die ungarischen Nebenländer Kroatien-Slavonien gilt das gleiche wie für das Hauptland.

2. Die deutschen Konsuln können diesen Verkehr nicht vermitteln.

3. Es empfiehlt sich neben dem für das Gericht bestimmten Ersuchungsschreiben ein kurzes Begleitschreiben an die Landesregierung abzufassen.

4. Auf die gleiche Weise werden ungarische Schriftstücke im Inland zugestellt; s. die Entschl. vom 9. Juli 1904 Nr. 26473.

5. S. Bem. 2, 4 zu § 25.

§ 41.

Portugal.

I. Zustellungen in Strafsachen werden in Portugal kostenfrei bewirkt.

II. Portugal ist am Haager Abkommen über den Zivilprozeß beteiligt (s. § 20 Abs. I), hat aber von den Vorbehalten im Art. 1 Abs. 3 und im Art. 9 Abs. 3 des Abkommens Gebrauch gemacht.

III. Ersuchen um Zustellungen an Deutsche sind in Strafsachen und in bürgerlichen Sachen an den deutschen Konsul zu richten, in dessen Amtsbezirke die Person sich befindet, der zugestellt werden soll. Andere Ersuchen um Zustellungen sind an den deutschen Gesandten in Lissabon zu richten.

§ 45.

Rumänien.

I. Die Rechtshilfe in Strafsachen erfolgt kostenfrei, es entstehen aber Kosten durch die Übersetzung der Ersuchungsschreiben. Wegen der Beförderung der Schreiben siehe § 15 Abs. IV.

II. Rumänien ist an dem Haager Abkommen über den Zivilprozeß beteiligt (s. § 20 Abs. I), hat aber von den Vorbehalten im Art. 1 Abs. 3 und im Art. 9 Abs. 3 des Abkommens Gebrauch gemacht.

III. Ersuchen um Zustellungen an Deutsche sind in Strafsachen und in bürgerlichen Sachen an den deutschen Konsul zu richten, in dessen Jurisdiktionsbezirke die Person sich befindet; andere Ersuchen um Zustellungen sind an den deutschen Gesandten in Bukarest zu richten. In den Ersuchungsschreiben ist anzugeben, was über die Staatsangehörigkeit der Person ermittelt ist, der zugestellt werden soll. Bei Ladungen sind die Termine mit einer Frist von mindestens drei Monaten anzuberaumen.

§ 46.

Rußland.

I. Die Rechtshilfe in Strafsachen regelt sich nach dem Auslieferungsvertrage zwischen Bayern und Rußland vom 26. Februar 1869 (RegBl. S. 769) Art. XI bis XIII, XVI (s. Art. 4 des zwischen Bayern und Rußland am 1. Oktober 1885 getroffenen Übereinkommens, die Regelung der Auslieferungsverhältnisse betreffend, GVBl. S. 593). Nach Art. XV des Auslieferungsvertrages vom 26. Februar 1869 werden für Akten und Urkunden, die auf Grund dieses Vertrags mitgeteilt werden, Übersetzungen in die russische Sprache nicht verlangt.

II. Die Rechtshilfe in Zivilsachen richtet sich nach dem Haager Abkommen über den Zivilprozeß, an dem Rußland beteiligt ist (s. § 20 Abs. I).

III. Die Erledigung von Ersuchen um Zustellungen nimmt in Rußland viel Zeit in Anspruch. Wenn es sich um die Zustellung einer Ladung handelt, ist von dem Abgange des Ersuchungsschreibens bis zum Termin eine Frist von mindestens zwei Monaten freizulassen.

IV. Die Adresse der Personen, an die eine Zustellung erfolgen oder mit denen verhandelt werden soll, muß in den Ersuchungsschreiben besonders sorgfältig angegeben werden; befindet sich die Wohnung der Beteiligten in einer größeren Stadt, so ist sie tunlichst nach Stadtteil, Straße und Hausnummer zu bezeichnen. Außerdem ist der Vorname des Vaters mitzuteilen, wenn er bekannt ist.

V. Wegen der Erledigung von Beweisbeschlüssen durch die Partei siehe § 23.

§ 47.[1]

Schweden.

I. Die Rechtshilfe in Strafsachen regelt sich nach dem Auslieferungsvertrage zwischen dem Reiche und Schweden und Norwegen vom 19. Januar 1878 (RGBl. S. 110) Art. 12 bis 14.

II. Schweden ist an dem Haager Abkommen über den Zivilprozeß beteiligt (s. § 20 Abs. I). Aus Art. 3 Abs. 1 der ergänzenden Vereinbarung vom 1. Februar 1910 (RGBl. S. 455) geht hervor, daß Zwangszustellungen in der Regel auch dann unentgeltlich bewirkt werden, wenn das im Art. 2 des Haager Abkommens geregelte Verfahren (die Übergabe des Schriftstücks an den Empfänger ohne Anwendung von Zwang) vorher nicht angewendet wurde. Es entstehen jedoch Kosten durch die Übersetzung der Schriftstücke, die zwangsweise zugestellt werden sollen (s. Art. 3 des Abkommens, Art. 1 der Vereinbarung). Einen Verzicht auf die Erstattung von Zeugen- oder Sachverständigengebühren enthält die Vereinbarung nicht.

1. Wegen der Auskunft über Landesrecht s. § 54 Abs. III.

§ 48.

Schweiz.

I. Die Rechtshilfe in Strafsachen regelt sich nach dem Auslieferungsvertrage zwischen dem Reiche und der Schweiz vom 24. Januar 1874 (RGBl. S. 113) Art. 12 bis 14.

II. Die Schweiz ist an dem Haager Abkommen über den Zivilprozeß beteiligt (s. § 20 Abs. I). Dazu kommt die im Anschluß an das Abkommen getroffene Vereinbarung vom 30. April 1910 (RGBl. S. 674). Die Kosten der Rechtshilfe werden den schweizerischen Behörden nach Maßgabe des Haager Abkommens erstattet (s. Art. 4 der Vereinbarung).[1]

III. Zwischen den deutschen und den schweizerischen Justizbehörden ist der unmittelbare Schriftwechsel in allen Fällen zulässig, in denen nicht der diplomatische Verkehr durch Staatsverträge vorgeschrieben oder aus besonderen Gründen angezeigt ist (Art. 12, 14 des Auslieferungsvertrags, das Abkommen vom 1./10. Dezember 1878, JMBl. 1879 S. 1, und Art. 1 der Vereinbarung vom 30. April 1910). Ein unmittelbarer Geschäftsverkehr findet ferner in Rechtssachen, die den Schutz des gewerblichen Eigentums betreffen, zwischen den bayerischen Gerichten und dem schweizerischen eidgenössischen Amte für geistiges Eigentum statt.

IV. Wegen der Vollstreckung der Kostenentscheidungen nach Art. 18 des Haager Abkommens siehe § 25 Abs. II*); wegen der Frankierung der Schreiben im unmittelbaren Geschäftsverkehre siehe § 4 Abs. II und JMBl. 1878 S. 29.

V. Ein Verzeichnis der schweizerischen Behörden, denen der unmittelbare Verkehr mit den deutschen Behörden gestattet ist, ist im JMBl. 1906 S. 54 abgedruckt. Die schweizerischen Amtsstellen, an die sich die deutschen Behörden wegen Rechtshilfe in Strafsachen wenden können, sind im JMBl. 1903 S. 537 verzeichnet.

1. Also auch die Zeugengebühren.

§ 49.

Serbien.

I. Ersuchen um Zustellungen an Deutsche sind an den deutschen Konsul in Belgrad zu richten, andere Ersuchen um Zustellungen an den dortigen deutschen Gesandten. In den Ersuchungsschreiben ist anzugeben, was über die Staatsangehörigkeit der Person ermittelt ist, der zugestellt werden soll.

II. Wegen sonstiger Ersuchen um Gewährung von Rechtshilfe siehe § 15 Abs. IV.

*) Wegen der Vollstreckbarkeit deutscher Urteile in der Schweiz und schweizerischer Urteile in Deutschland siehe die Bekanntmachung vom 10. Januar 1905 (JMBl. S. 6).

III. In Strafsachen werden Ersuchen um Rechtshilfe von den serbischen Justizbehörden regelmäßig unter denselben Voraussetzungen erledigt, unter denen dies nach den vom Reiche geschlossenen Auslieferungsverträgen geschieht. Die Erledigung erfolgt in der Regel kostenfrei; jedoch werden die Kosten, die durch Vernehmung von Sachverständigen entstehen, berechnet, wenn die Vernehmung mehr als einen Termin erfordert.

IV. Ersuchen um Vernehmung von Zeugen oder Sachverständigen in bürgerlichen Sachen werden in Serbien regelmäßig von der Hinterlegung der Zeugen- und Sachverständigengebühren abhängig gemacht. Es ist daher vor der Einreichung des Ersuchungsschreibens ein angemessener Kostenvorschuß einzufordern; in dem Begleitbericht ist anzuzuzeigen, ob der Vorschuß eingegangen ist. Im übrigen erfolgt die Rechtshilfe in bürgerlichen Sachen kostenfrei.

§ 50.

Spanien.

I. Die Rechtshilfe in Strafsachen regelt sich nach dem Auslieferungsvertrage zwischen dem Reiche und Spanien vom 2. Mai 1878 (RGBl. S. 213) Art. 13 bis 15. Wegen der Ersuchen um Zeugenvernehmung in Strafsachen siehe § 24 Abs. 1.

II. Die Rechtshilfe in bürgerlichen Sachen erfolgt nach dem Haager Abkommen über den Zivilprozeß, an dem Spanien beteiligt ist (s. § 20 Abs. I). In den Schreiben an die deutschen Konsuln ist die Staatsangehörigkeit der Person anzugeben, der zugestellt oder mit der verhandelt werden soll; auch ist die Adresse dieser Person möglichst genau — in größeren Städten tunlichst nach Stadtteil, Straße und Hausnummer — zu bezeichnen. Bei Ladungen sind die Termine mit einer Frist von mindestens drei Monaten anzuberaumen.

§ 51.

Uruguay.

I. Die Rechtshilfe in Strafsachen regelt sich nach dem Auslieferungsvertrage zwischen dem Reiche und Uruguay vom 12. Februar 1880 (RGBl. 1883 S. 287) Art. 13 bis 15. Darnach ist es zwar zulässig, daß die Ersuchungsschreiben der Regierung von Uruguay auch auf dem konsularischen Wege übermittelt werden, die Justizbehörden haben sich aber der Entscheidung über den Weg der Beförderung zu enthalten und diese Ersuchungsschreiben dem Staatsministerium der Justiz vorzulegen.

II. Sollen Ersuchen in bürgerlichen Sachen durch uruguaysche Justizbehörden erledigt werden, so bedürfen sie der Beglaubigung durch den uruguayschen Konsul.[1])

III. Bei der Erledigung von Ersuchen in bürgerlichen Sachen durch uruguaysche Justizbehörden entstehen erhebliche Kosten; hierauf ist bei Bemessung des Kostenvorschusses Rücksicht zu nehmen.

1. S. JMBl. 1910 S. 606, 612.

§ 52.

Venezuela.

Für Rechtshilfe berechnen die venezolanischen Justizbehörden Gebühren und Auslagen.

§ 53.[1])

Vereinigte Staaten von Amerika.

I. Wegen der Ersuchen um Zustellungen s. § 6 Abs. I Ziff. 1 c.

II. Ersuchen um Vernehmungen oder um Abnahme von Eiden sind, wenn nicht ein Konsul um Leistung der Rechtshilfe ersucht werden kann (§ 17), in die Form einer commission zu kleiden. Diese ist unter Offenlassung der Adresse mit dem Ersuchen um Vermittelung an den Konsul zu senden, in dessen Bezirke die Person, die vernommen werden soll, oder die schwurpflichtige Partei sich aufhält.

Die commission ist in folgender Form auszufertigen:

Im Namen Seiner Majestät des Königs von Bayern.

Das Königlich Bayerische Amts- (Land-) Gericht in . . . . . an Herrn . . . . . in . . . . .

Sie werden hierdurch benachrichtigt, daß das obengenannte Gericht Sie zum commissioner bestellt hat und Sie durch Gegenwärtiges ermächtigt, den in . . . . in dem Bezirk . . . . . des Staates wohnenden A. in der vor dem genannten Amts- (Land-) Gerichte schwebenden Prozeßsache des . . . . ., Klägers, wider den . . . . ., Beklagten, als Zeugen in Gemäßheit der beigeschlossenen beglaubigten Abschrift des Beweisbeschlusses vom ..... nach der nachfolgenden Anweisung eidlich — nicht eidlich — zu vernehmen

oder

den in der beigefügten beglaubigten Abschrift des Beweisbeschlusses (Urteils) vom ..... enthaltenen und darin dem A. in .... vom genannten Gericht auferlegten Eid in der vor diesem Gerichte schwebenden Prozeßsache des ....., Klägers wider den ....., Beklagten in Übereinstimmung mit den hier beigefügten Weisungen dem genannten A. abzunehmen.

Urkundlich unter der Unterschrift des Vorsitzenden des genannten Gerichts in ..... unter Beidrückung des Gerichtssiegels ausgefertigt am .....

Siegel. Unterschrift
Amtscharakter.

Außerdem ist in der commission der Streitgegenstand kurz zu bezeichnen.

III. Dem Ersuchen ist eine beglaubigte Abschrift des Beweisbeschlusses oder Urteils und, soweit es erforderlich ist, eine beglaubigte Abschrift der gesetzlichen Vorschriften über das inländische Verfahren beizufügen.

IV. Die commission wird von dem Konsul unter Ausfüllung der Adresse einer nach dem Rechte des Staates, in dem die Person, die vernommen werden soll, oder die schwurpflichtige Partei sich aufhält, zuständigen und befugten Person übergeben, die alsdann das Ersuchen ausführt.

V. Auch in Strafsachen und in Angelegenheiten der freiwilligen Gerichtsbarkeit sind die Ersuchen in der obigen Form zu stellen. Der Wortlaut der commission ist dann entsprechend zu ändern. Die Ersuchen in Strafsachen müssen von einem Gericht ausgehen.

VI. Die Kosten, die durch die Erledigung der Ersuchen entstehen, sind gewöhnlich hoch. Hierauf ist bei Bemessung des Kostenvorschusses Rücksicht zu nehmen.

VII. Die Erledigung von Ersuchen, die an ein Gericht in den Vereinigten Staaten gerichtet werden, ist mit vielen Weiterungen und mit unverhältnismäßig hohen Kosten verbunden. Solche Ersuchen sind daher nur dann zu stellen, wenn besondere Gründe ausnahmsweise dafür sprechen. Diese sind dann in dem

Begleitberichte, mit dem das Ersuchungsschreiben dem Staatsministerium der Justiz eingereicht wird, ausführlich darzulegen.

1. Wegen der Auskunft über Landesrecht s. § 54 Abs. III.

II. Sonstiger Verkehr der Justizbehörden mit dem Auslande.

§ 54.

Allgemeine Vorschriften.

I. Außerhalb des Gebiets der Rechtshilfe findet ein Schriftwechsel mit den Behörden des Auslandes oder mit den im Auslande beglaubigten diplomatischen oder konsularischen Vertretern in der Regel nicht statt (s. aber § 55). Wenn außerhalb des Gebiets der Rechtshilfe die Tätigkeit einer ausländischen Behörde in Anspruch genommen werden soll, ist dem Staatsministerium der Justiz mit einem Begleitberichte (§ 4 Abs. III) eine zur Übermittelung an die fremde Regierung geeignete, in deutscher Sprache abgefaßte Denkschrift [1]) einzureichen. In dieser ist der Sachverhalt kurz darzustellen und anzugeben, welche Tätigkeit von der ausländischen Behörde gewünscht wird. Die Denkschrift ist mit Datum und Unterschrift zu versehen. Sie ist, wenn die Tätigkeit einer niederländischen Behörde in Anspruch genommen werden soll, mit lateinischen Buchstaben zu schreiben. Der Unterschrift ist der Amtscharakter, nicht aber das Amtssiegel beizufügen. Im übrigen finden die Bestimmungen des § 2 Abs. I, IV und des § 3 Abs. I, IV entsprechende Anwendung. Tritt in der Sachlage eine wesentliche Änderung ein oder erledigt sich die Angelegenheit, so ist unverzüglich eine entsprechende Denkschrift einzureichen.

II. Handelt es sich um die Erteilung einer Auskunft, insbesondere einer solchen über ausländisches Recht, so sind die Punkte, worüber Auskunft verlangt wird, in der Denkschrift einzeln zu bezeichnen. Ausländische Gesandte und Konsuln in Deutschland sind um Auskunft über ausländisches Recht nicht zu ersuchen.

III. In mehreren ausländischen Staaten, insbesondere in Belgien, Griechenland, Großbritannien und Irland nebst den britischen Kolonien und auswärtigen Besitzungen, in den Niederlanden, in Schweden und in den Vereinigten Staaten von Amerika, wird von den Behörden Auskunft über das Landesrecht nicht erteilt. In diesen Staaten kann aber regelmäßig die Auskunft eines Rechtsverständigen durch die Vermittelung des bayerischen oder des deutschen Gesandten oder eines deutschen Konsuls beschafft werden; die Beschaffung ist mit Kosten verbunden. Wird eine solche Vermittelung gewünscht, so ist nach dem Abs. I zu verfahren.[2])

IV. Wegen der Übersetzung ausländischer Gesetzesvorschriften sind ausländische Behörden, insbesondere die ausländischen Gesandten und Konsuln in Deutschland, nicht in Anspruch zu nehmen.

V. Ob ein Deutscher im Auslande zur Sicherheitsleistung für die Prozeßkosten oder zu einer besonderen Vorauszahlung oder Sicherstellung der Gerichtskosten verpflichtet ist (§ 110 der Zivilprozeßordnung, § 419 der Strafprozeßordnung, § 85 des Gerichtskostengesetzes), ist in der Regel nicht auf dem im Abs. I bezeichneten Wege zu ermitteln; die Beibringung des Nachweises der Befreiung ist in der Regel der ausländischen Partei zu überlassen (s. aber den Art. 56 Abs. 2 des internationalen Übereinkommens über den Eisenbahnfrachtverkehr vom 14. Oktober 1890, RGBl. 1892 S. 793, und wegen der an dem Haager Abkommen über den Zivilprozeß — § 20 Abs. I — beteiligten Staaten den Art. 17 des Abkommens).

1. Unter der „Denkschrift" ist eine knappe Darstellung des Sachverhalts zu verstehen, der für die Erledigung des Ersuchens von Bedeutung ist. Sie wird der diplomatischen Note an die fremde Regierung beigegeben und ist deshalb nicht mit der Adresse des Gesandten usw. zu versehen, sondern ohne Adresse zu lassen.

2. Unmittelbarer Verkehr mit den deutschen Konsuln hier nicht erlaubt.

§ 55.

Gesuche in Strafsachen.[1])

I. In Strafsachen können Gerichte und Staatsanwälte auch außerhalb des Gebiets der Rechtshilfe, z. B. wegen polizeilicher Ermittelungen, Auskunftserteilung u. dgl., mit den Staatsanwälten und Polizeibehörden eines ausländischen Staates in unmittelbaren Schriftwechsel treten, soweit er mit den Behörden dieses Staates sonst in Strafsachen statthaft ist (s. § 43 Österreich, Bosnien und die Herzegowina, § 48 Schweiz; wegen der Niederlande siehe die Bekanntmachung vom 13. Januar 1910, den unmittelbaren Verkehr mit den niederländischen Justizbehörden in Strafsachen betreffend, JMBl. S. 152).

II. Wird in Strafsachen zum Zwecke der Erlangung einer Auskunft über ausländisches Recht eine Denkschrift eingereicht, so ist darin auch der Wortlaut der maßgebenden inländischen Vorschriften mitzuteilen.

1. Soll in Bayern ein Deutscher wegen eines in der Schweiz begangenen Verbrechens oder Vergehens oder in der Schweiz ein Schweizer wegen eines im Reichsgebiete begangenen Verbrechens oder Vergehens verfolgt werden, so ist die Bek. vom 4. November 1897 (JMBl. S. 244) zu beachten. S. ferner wegen Großbritanniens, der Vereinigten Staaten von Amerika und der Niederlande die Bek. vom 7. Dezember 1902 (JMBl. S. 1074).

München, den 8. April 1911.

J. A.	J. A.	J. V.
Staatsrat v. Pausch	Staatsrat Dr. v. Henle	Staatsrat v. Löhl

Muster. Anlage I.

Begleitbericht an das Justizministerium.

(§ 4 Abs. III der Bek.)

1.

ZivProz.-Reg. 345/10 A Würzburg, den 6. Juni 1911.

K. Amtsgericht Würzburg.

An das
K. Staatsministerium der Justiz
in München.

Betreff:

Zeugenvernehmung in Serbien. (Die Klage des Kaufmanns Heinrich Schuster in Bamberg gegen den Bankier Leopold Wiener in Würzburg.)

Mit einem Ersuchungsschreiben.

Der Zeuge Milan Milanowitsch ist vermutlich Serbe.[1]) *Die Vertreter der Parteien haben auf Benachrichtigung vom Termine der Vernehmung nicht verzichtet. Der Beklagte hat einen Kostenvorschuss von 50 M gezahlt.*

Kurz,
K. Amtsrichter.

---

[1]) Keine Eingangsformel wie: „In der Anlage überreiche ich ein in Serbien zu erledigendes Ersuchungsschreiben". Es ist auch überflüssig zu sagen: „Ich bitte zur Erledigung des Ersuchens das Weitere zu veranlassen".

2.[1]

AnzVerz. 113/11 C Augsburg, den 5. November 1911.

Der Staatsanwalt
bei dem
K. Landgericht Augsburg.

An das
K. Staatsministerium der Justiz.

Betreff:
Zustellung in Ungarn.
(Das Strafverfahren gegen den Agenten Johann Schwörer in München wegen Untreue.)

Amtssiegel ....

Mit einem Schreiben an die K. Bayerische Gesandtschaft in Wien nebst drei Anlagen.

[1]) Der Begleitbogen mit Siegelaufdruck (§ 10 Abs. 4 der Bek. vom 28. April 1901) wird verwendet, wenn Bemerkungen zur Sache unterbleiben können.

Anlage II.

Begleitschreiben an ein deutsches Konsulat.[1])

(§ 4 Abs. IV der Bek.)

ZivProz.-Reg. 345/10 A.

Eichstätt, den 2. Mai 1911.

K. Landgericht Eichstätt.

An das
Kaiserlich Deutsche Konsulat
in Fiume.

Betreff:

Zeugenvernehmung in der Streitsache des Bauers Gottlieb Huber in Kipfenberg gegen den Händler Josef Meyer in Eichstätt.

Mit einem Ersuchungsschreiben.

Ich ersuche bei der Landesbehörde die baldige Vernehmung des Zeugen Florian Geyer in Fiume zu beantragen, der vermutlich ungarischer Staatsangehöriger ist. Von den Parteien wurde ein Kostenvorschuss von je 20 M eingefordert.

Gesehen am 4. Mai 1911.

Der Landgerichtspräsident
Dr. Schmitt.

Kraft,
K. Landgerichtsdirektor.

---

[1]) Begleitbögen mit Siegelaufdruck dürfen hier nicht verwendet werden.

Anlage III.

Denkschrift.

(§ 54 Abs. I der Bek.)

1.[1]

München, den 2. Juli 1911.

K. Amtsgericht München, Vormundschafts- und Nachlaß-sachen.

Am 28. Mai ds. Js. gebar die ungarische Staatsangehörige Anna Mikosch in der hiesigen Frauenklinik ein uneheliches Kind männlichen Geschlechts, das den Vornamen Franz erhielt. Anna Mikosch ist am 13. Dezember 1890 in Pressburg geboren und die Tochter der dort Kossuthgasse 12 wohnenden Maurerseheleute Moritz Mikosch und Elise Mikosch, geb. Hunyadi. Ich gebe der zuständigen ungarischen Behörde anheim die Sorge für das Kind zu übernehmen. Anna Mikosch wohnt hier Bayerstrasse 12/3, sie erklärte aber, dass sie in einigen Wochen mit dem Kinde nach Wien übersiedeln will.

Huttler,
K. Oberamtsrichter.

[1]) In einer Sache der freiwilligen Gerichtsbarkeit.

2.[1])

Haftsache!

Der Untersuchungsrichter D
bei dem
K. Landgerichte München I.

München, den 2. Oktober 1912.

Am 25. September d. Js. wollte der Kellner Jules Durand aus Paris, der sich nach seiner Angabe hier auf der Durchreise befand, in einem hiesigen Bankgeschäfte die gegen Zurückgabe beigefügte Note der Italienischen Bank über 1000 Lire wechseln lassen. Der Bankier erklärte die Note für unecht und veranlasste die Festnahme des Durand. Ich habe gegen ihn Voruntersuchung wegen eines Verbrechens nach den §§ 146, 147, 149 des Strafgesetzbuchs für das Deutsche Reich eröffnet. Diese Vorschriften lauten:

Durand behauptet, die Note am hiesigen Hauptbahnhofe von einem Unbekannten mit dem Auftrag erhalten zu haben, sie in einem Bankgeschäfte gegen deutsches Geld wechseln zu lassen.

Ich ersuche die zuständige italienische Behörde um ein schriftliches Gutachten über die Echtheit der Banknote und bitte um möglichst baldige Erledigung, weil der Angeschuldigte verhaftet ist.

Fertig,
K. Landgerichtsrat.

---

[1]) In einer Strafsache.

Register.